Sergio Bambaren
Das Fenster zur Sonne

PIPER

Zu diesem Buch

Als Sergio Bambaren eines Tages im Flugzeug sitzt und seine Mitreisenden dabei beobachtet, wie sie sich nach der Landung panisch auf ihre Handys stürzen, wird ihm klar, dass etwas mit der Gesellschaft nicht stimmt. Er beschließt, Lima den Rücken zu kehren und seinem Herzen zu folgen, das ihn an einen abgelegenen Strand im Norden Perus führt. Dort trifft er auf den bescheidenen Fischer Santiago. Dieser schenkt Sergio ein Stück Land, auf dem er sich ein Haus aus Holz und Bambus direkt am Meer baut. Kurz darauf kommen die ersten Besucher: gelbe Vögel, rote Krabben, grüne Eidechsen und ein kleiner Fuchs, der zu seinem ständigen Begleiter wird. So entdeckt Bambaren die großen und kleinen Wunder der Natur und ihm wird klar: Er hat sich kein Haus gebaut, sondern ein Heim – mit einer Tür zum Meer und einem Fenster zur Sonne.

Sergio Bambaren, geboren 1960 in Peru, gelang mit »Der träumende Delphin« auf Anhieb ein internationaler Bestseller, an den er mit weiteren Büchern anknüpfte. Er gab seinen Ingenieurberuf auf und widmete sich fortan ganz dem Schreiben und seiner Leidenschaft für das Meer. Er ist Vater eines Sohns, engagiert sich für »Dolphin Aid« und ist Vizepräsident der Umweltschutzorganisation »Mundo Azul«.

Sergio Bambaren

Das Fenster zur Sonne

Ein Buch für Freiheitsliebende

Aus dem Englischen
von Gaby Wurster

Mit acht Seiten farbigen Fotos

PIPER

Mehr über unsere Autoren und Bücher:
www.piper.de
Aktuelle Neuigkeiten finden Sie auch auf Facebook, Twitter und YouTube.

Von Sergio Bambaren liegen im Piper Verlag vor:

Der träumende Delphin
Ein Strand für meine Träume
Das weiße Segel
Der Traum des Leuchtturmwärters
Samantha
Stella – Ein Weihnachtsmärchen
Die Botschaft des Meeres
Die Zeit der Sternschnuppen
Der kleine Seestern
Die Rose von Jericho
Ein Ort für unsere Träume
Die Blaue Grotte
Die Bucht am Ende der Welt
Die Heimkehr des träumenden Delphins
Lieber Daniel – Briefe an meinen Sohn
Die beste Zeit ist jetzt
Die Stunde der Wale
Die Weisheit deines Herzens
Das Leuchten der Wüste
Das Fenster zur Sonne
Der Klang der Stille

Kontakt zum Autor:
sbambaren@yahoo.com
Facebook: Sergio Bambaren
www.sbambaren.com

FSC
www.fsc.org
MIX
Papier aus verantwortungsvollen Quellen
FSC® C083411

Ungekürzte Taschenbuchausgabe
Juni 2017

Titel der englischen Originalausgabe:
»The House of Light«, Create Space Independent Publishing Platform

erschienen im Verlagsprogramm Pendo
Vermittelt durch Victoria Satlow Literary Agency
Umschlaggestaltung: Mediabureau Di Stefano, Berlin
Umschlagabbildung: Sung Kim
Satz: Fotosatz Amman, Memmingen
Gesetzt aus der Bodoni
Druck und Bindung: CPI books GmbH, Leck
Printed in Germany ISBN 978-3-492-31107-6

Ich zog in den Wald, weil ich den Wunsch hatte, mit Überlegung zu leben, dem eigentlichen, wirklichen Leben näher zu treten, zu sehen, ob ich nicht lernen konnte, was es zu lehren hatte, damit ich nicht, wenn es zum Sterben ginge, einsehen müsste, dass ich nicht gelebt hatte.

Henry David Thoreau, Walden

Meine größte Kunst bestand immer darin, wenig zu bedürfen.

Henry David Thoreau, Walden

Vorwort des Autors

Manche Vögel sind nicht dazu bestimmt, in einem Käfig zu leben. Auch wenn sie noch so laut und schön singen, bedeutet das nicht unbedingt, dass sie glücklich sind. Man kann sie gut behandeln, ausreichend füttern, sie lieben und verwöhnen. Doch trotz aller Mühe, die man sich gibt, damit sie sich im Käfig wohl und sicher fühlen, werden sie früher oder später eine Möglichkeit suchen zu entkommen. Können sie das nicht, wird ihre Seele langsam zugrunde gehen. Wir wissen, dass es so ist, ansonsten würden wir das Türchen ihres Käfigs nicht immer wieder verschließen, nachdem wir sie gefüttert und gestreichelt haben. Genauso gut könnten wir ihnen die Federn stutzen, damit sie nicht mehr fliegen.

Ihre Flügel strotzen aus gutem Grund vor Kraft. Vögel sind dazu geboren, ständig in Bewegung zu sein, weite Strecken zu fliegen und den Himmel zu berühren. Sie sind dazu bestimmt, frei zu sein. Ihre Einzigartigkeit, ihr Lebenszweck, ihr Wesen erfüllt sich erst, wenn sie sich im Einklang mit den Jahreszeiten bewegen können. Es liegt in ihren Genen und ihrem Willen; nichts ist stärker als die Kraft der freien Seele, die im Herzen dieser geflügelten Geschöpfe wohnt. Manche Vögel sterben unweigerlich, wenn sie nicht entkommen. In einem unauffälligen, stillen Todeskampf, den vielleicht niemand bemerkt, sterben sie jeden Tag ein bisschen mehr, bis man eines Morgens den kalten Kadaver des geliebten Tierchens regungslos auf dem Boden des Käfigs findet. Andere Vögel hingegen akzeptieren das Schicksal eines ewigen Lebens im Käfig. Sie fressen und singen, ohne zu merken, dass sie eingesperrt sind.

Auf meinen Reisen um die Welt habe ich alle möglichen Käfige gesehen – große, kleine, rechteckige, runde, manche waren sogar mit allerlei Luxus ausgestattet. Käfige werden von jeher aus Eisen gebaut, doch keiner ist robust genug, um Prinzipien und Träume einzusperren. Auch Prinzipien und Träume sind ein Material, aus dem etwas geschaffen werden kann – allerdings keine Käfige. Ja, nicht einmal Häuser. Aus ihnen entsteht eine wahre Heimat.

Vielleicht habe ich deshalb beschlossen, alles hinter mir zu lassen und das Leben in der Stadt gegen eines in der Natur einzutauschen.

Brecht aus eurem Käfig aus, sucht neue Abenteuer, habt keine Angst, auch nicht im Angesicht des Todes. Dies ist mein Rat an alle, die sich niederlassen wollen: Sorgt dafür, dass ihr keinen Käfig baut, sondern eine Zuflucht, ein Heim, das von innen heraus leuchtet, statt von außen erhellt zu werden. Einen Ort, an dem die Sonne der Seele stärker und wärmer scheint als die unseres Sonnensystems. Füllt diesen Ort mit Liebe, Güte und Lebensfreude. Wählt für euer Heim einen naturnahen Ort, an dem Mensch und Tier in Harmonie leben, und umgebt euch mit geliebten Freunden. Dann werdet ihr nie wieder in einem Käfig wohnen können, denn ihr lebt nun ohne Grenzen, frei von Regeln und Konventionen, an einem Ort, an dem das Wörtchen »unmöglich« nicht existiert. Erst dann merkt ihr, dass ihr eine Quelle der Liebe geschaffen habt, ein Haus aus Licht, in dem weit mehr als materielle Besitztümer Platz finden, nämlich das ganze Universum, das es umgibt. Ein Ort, an dem alles möglich ist. Alles.

Viele Menschen haben mir gesagt, dass sie sich davor fürchten, ihre Träume zu leben, weil sie Angst haben, alles zu verlieren, was sie haben. Nichts ist weiter von der Wahrheit entfernt, denn das Einzige, vor dem sie Angst haben müssen, ist die Angst selbst. Denkt immer daran, dass die Gesellschaft es ist, die uns im Käfig hält.

Hört auf euer Herz. Lebt eure Träume.

Was kann schlimmstenfalls passieren? Die Antwort lautet: nichts! Wir können jederzeit zurück. Wichtig ist, es zu versuchen, versuchen, unser Bestes zu geben. Und wenn wir ein anderes Leben ausprobiert haben, werden wir nicht mehr dieselben sein. Es ist, wie ein Fenster zu öffnen: Wenn wir einmal mit unverstelltem Blick in die Ferne geschaut haben, wird sich unser Leben für immer verändern.

Ihr werdet lächeln bei der Erkenntnis, dass das Wort »unmöglich« nur das ist: eben ein Wort, eine Erfindung des Menschen. Ein bescheidener Träumer weiß, dass die Käfigtür offen ist für jene, die sich in diesem System gefangen fühlen. Ein System, das Stück für Stück auseinanderfällt.

Vieles habe ich mit eigenen Augen gesehen. Schließlich wurde auch ich dort hineingeboren, war Teil davon, und weiß, wie es sich anfühlt: der tägliche Trott, die Leere, die ganzen Gegenstände, Spielzeuge und Schätze, die vom eigenen Leben ablenken, während die Zeit nur so davonfliegt.

Verlasst den Käfig, wenn es das ist, was ihr wollt. Fliegt furchtlos eurem Glück entgegen. Und wenn ihr euch ausruhen müsst, dann baut ein Nestlein aus Licht und Liebe. Ein Heim, in dem eure Wunden heilen können. Ihr könnt jederzeit um Verzeihung für eure Fehler bitten oder um Vergebung bei den Menschen, denen ihr wehgetan habt. Schafft

Erinnerungen an ein gut gelebtes Leben. Sucht euch einen Ort, an dem das Wort »Alter« nichts bedeutet, einen Ort, an dem eure Seele ewig leben wird, auch wenn der Körper altert.

Vertraut mir – ihr werdet es niemals bereuen.

I

Vor vielen Jahren wurde in einem fernen Land ein Träumer geboren. Er war gesund und umgeben von einer liebevollen, rechtschaffenen Familie. Er kam mit einem Lächeln auf die Welt, nicht mit einem Schrei. Solange der Träumer sich entsinnen konnte, betrachtete er sein Umfeld mit Ehrfurcht. Selbst die banalsten Dinge steckten für ihn voller Magie, nie konnte er genug bekommen von den Wundern ringsum.

Selbstverständlich glaubte niemand – außer sein Vater, der bei der Geburt dabei gewesen war, und der Arzt, der seinen ersten Atemzug begleitet hatte –, dass er mit einem Lächeln das Licht der Welt erblickt hatte. Im Grunde glaubte anfangs niemand an irgendetwas, das der Träumer tat.

Er wuchs als glückliches Kind heran. Der Träumer wusste, dass es ganz allein an ihm lag, ob er die Dinge positiv oder negativ betrachtete. Da er beschlossen hatte, sich auf das Schöne zu konzentrieren, anstatt über das zu klagen, was ihm fehlte, war er immer froh. Er wusste, dass das Leben ihm nichts schuldig war, und so betrachtete er alles als ein Geschenk, für das er dankbar war.

Er ging zur Schule, gewann Freunde und Freundinnen. Die Jahre des kindlichen Staunens waren so kostbar wie seine Jugend. Natürlich erlebte er auch traurige Momente, doch dank der Einstellung, die er dem Leben gegenüber eingenommen hatte, verschwanden sie so schnell aus seiner Erinnerung wie ein vorüberziehender Sturm. Er reiste viel, und das Meer und das Surfen wurden die Lieben seines Lebens. Er sah die Welt, wie nur wenige sie sehen, und stellte fest, dass man überall Schönheit finden kann, solange das Herz frei von Vorurteilen bleibt. Der Träumer ging auf die Universität und machte seinen Abschluss. Dem Surfen blieb er dennoch treu, denn das Meer war Balsam für seine Seele und Nahrung für seinen Geist.

Doch schon bald kehrte er in sein altes Leben zurück, in eine Gesellschaft, die er nicht verstand. Seine Naivität verhinderte zunächst, dass er die Grausamkeit, die Korruption und die Gier um sich herum sah. Dann versuchte er, all dem aus dem Weg zu gehen, doch es gelang ihm nicht. Also wurde er ein Teil davon.

In kürzester Zeit hatte er es sich, ohne es zu merken, in einem goldenen Käfig bequem gemacht, in dem er alles hatte, was er sich nur wünschen konnte – solange er darin blieb. Er traf Menschen, die so arm waren, dass sie nichts besaßen außer Geld. Eines Tages zog er Bilanz, und ihm wurde klar, dass er dem größten Irrtum seines Lebens aufgesessen war: Er hatte geglaubt, man könnte Glück kaufen. Er hatte in seinem goldenen Käfig gelebt, geblendet vom Glanz, und war jeden Tag ein bisschen mehr gestorben. Viele bewunderten ihn mehr für das, was er hatte, als für das, was er war, während die Zeit verrann wie Sand zwischen den Fingern.

Das wahre Wesen eines Träumers wird in den schlimmsten Situationen auf die Probe gestellt. Und so erinnerte er sich in einem dieser Momente der Erleuchtung, die man nur selten im Leben hat, wer er war: ein furchtloser Vogel, der dazu geboren war, weit über den Horizont, ja, weit über den Himmel hinauszufliegen – und nicht, in einem goldenen Käfig zu leben. Also flog er. Er flog gegen den Wind an und gegen die süßen Verlockungen der Gesellschaft, bis er den Bann endlich gebrochen und seine Freiheit, sein Leben zurückgewonnen hatte. Von hoch oben am Himmel konnte er die Welt nun klar sehen. Er hatte sein Leben zurückerlangt. Er schwor sich, es von nun an wie die große Lotosblume zu machen, die sich auf dem trüben Wasser treiben lässt, und niemals wieder zuzulassen, dass die Umgebung seine Seele vergiftet. Nie wieder.

II

Als er ein erwachsener Mann geworden war, begriff der Träumer, dass seine Reisen ihm ermöglicht hatten, hundert Leben in der Zeitspanne eines einzigen zu erfahren. Er hatte unglaublich Schönes gesehen und erlebt, war aber auch dem Schlimmsten begegnet: Egoismus und Fanatismus, die Menschen wahrlich böse machen können. Der Träumer wollte nichts mehr zu tun haben mit Heuchelei, Korruption, Konsum und Materialismus. Er hatte die Kriege satt, die er hatte mit ansehen müssen und die im Namen eines unsichtbaren Gottes geführt wurden.

Die Menschen bewegten sich immer schneller, als hätten sie keine Zeit zu verlieren. Sie wollten unbedingt irgendwo ankommen, die Ersten sein. Wenn der Träumer seine Freunde anrief oder jene Menschen, die er für seine Freunde hielt, waren die Gespräche immer kurz. Sie hatten es eilig, jemand wartete auf sie, oder sie rannten von einem Termin zum nächsten. Eines Tages dann brachte eine schlichte Kleinigkeit den Träumer zu einem Entschluss, der sein Leben wieder einmal bereichern sollte.

Es war in einem Flugzeug gewesen, das im Sinkflug begriffen war. Er saß mit geschlossenem Gurt da und verfolgte aufmerksam, wie der Pilot zu einer sanften Landung ansetzte. Als das Flugzeug zum Terminal rollte, verkündete eine freundliche Stimme durch die Lautsprecher: »Bitte bleiben Sie auf Ihren Plätzen, bis das Flugzeug seine endgültige Parkposition erreicht hat. Elektronische Geräte dürfen nun wieder eingeschaltet werden …«

In diesem Moment übertönte hektisches Rascheln die Stimme der Stewardess. Während der Träumer durch das Bullauge in die Wolken blickte und all die kleinen Wunder der Natur bestaunte, schalteten die anderen Mitreisenden ihre Handys ein. Diese Aufregung wegen eines kleinen technischen Geräts erstaunte ihn.

Hatten die Leute denn nicht mitgekriegt, dass sie gerade viele Meter über dem Boden gewesen waren, an einem außergewöhnlichen Ort zwischen Himmel und Erde? Es hatte den Anschein, als wären sie während der Reise nur mit einer einzigen Erwartung beschäftigt, nämlich dass die Stewardess diese Zauberworte sprach und sie wieder ihr Technikspielzeug einschalten konnten. Als wären diese Geräte Erweiterungen ihrer Körper. Der Flug hatte nur knapp vierzig Minuten gedauert – was konnte denn in dieser kurzen Zeit in der Welt geschehen sein, das so eine Hektik rechtfertigte? War der Dritte Weltkrieg ausgebrochen?

Der verblüffte Träumer betrachtete ihre Gesichter, als sie ihre E-Mails checkten, chatteten, WhatsApp, Twitter und Facebook öffneten oder irgendjemanden anriefen, um Bescheid zu sagen, dass sie gelandet waren. Sie sahen aus wie Süchtige. Natürlich hatten die meisten keine neuen E-Mails, die dringend gelesen werden mussten, aber sie konnten es dennoch nicht lassen nachzusehen.

Tief in seinem Inneren wusste der Träumer, was ihn wirklich traurig machte und warum er sich verloren vorkam: Die Menschlichkeit, so wie er sie immer verstanden hatte, starb langsam vor sich hin wie ein Vogel im Käfig. Dies war ein echter Todeskampf: Menschen, die nur noch über elektronische Geräte miteinander kommunizierten. Das Problem war nicht die Technologie an sich, sondern deren fieberhafte Nutzung, die Hysterie. Dieses profane Ereignis löste beim Träumer eine Entscheidung fürs Leben aus: Er wusste, dass er nicht in diese Gesellschaft hineinpasste, und wollte sich so weit wie nur möglich von ihr entfernen. Er beschloss, einen Ort zu finden, an dem er nur von der Natur umgeben war. Er sehnte sich nach den einfachen Dingen im Leben, er wollte in der Nähe des Meeres und seinen Bewohnern sein. Der Träumer wusste, dass sein Verlangen ihn wie die starken

Flügel eines hungrigen Vogels an sein Ziel führen würde.

Er floh weder vor der Realität, noch urteilte er über andere. Er ging nur zurück an den Ort, an den er immer gehört hatte und den er nie hätte verlassen sollen. Was er bei der Landung des Flugzeugs erlebt hatte, war lediglich eines der Signale gewesen, die der Träumer zu deuten gelernt hatte: ein kleines Detail, das ein ganzes Leben verändern kann.

III

Er nahm nur wenige Gegenstände mit, und auch nur die, die ihn wirklich glücklich gemacht hatten. Sie allein sollten ihn in sein neues Leben begleiten, für das er bestimmt war: der alte Jeep, der ihn zu abgelegenen Paradiesen brachte, zwei seiner geliebten Surfbretter, ein kleiner Laptop, um seiner Dankbarkeit Ausdruck verleihen zu können, eine Gitarre, um Musik zu machen, die seine Seele nährte, und eine große Portion Unvoreingenommenheit, um ein neues Kapitel seines Lebens zu beginnen, das für ihn eine zweite Chance war.

Er hatte von einem abgeschiedenen Küstenort in Äquatornähe gehört, auf dessen Strände der Legende nach noch nie ein Mensch einen Fuß gesetzt hatte. Also folgte der Träumer der Stimme seines Herzens, breitete seine kräftigen Flügel aus, und reiste dorthin. Er wusste, dass es einen Ort gab, der auf ihn – und nur auf ihn – gewartet hatte, einen Ort, der seinen Namen rief.

Die sengende Mittagssonne machte ihn durstig, sein Körper lechzte nach Wasser, also machte er in einer kleinen Stadt an der Landstraße halt. Der Himmel leuchtete in strahlendem Blau, so weit das Auge reichte, war keine einzige Wolke zu sehen.

In einem kleinen Laden kaufte er eisgekühltes Wasser und etwas zu essen. Sofort fiel ihm auf, dass die Menschen an diesem Ort langsamer liefen als in der Großstadt. Keiner hatte es eilig. Der Ladenbesitzer begrüßte seine Kunden mit einem breiten Lächeln, holte in aller Ruhe die gewünschten Waren und wischte den Staub ab, bevor er sie behutsam in eine schwarze Plastiktüte packte. Die Menschen kamen vor ihren Häusern zusammen und aßen im Schatten der leuchtenden Bougainvilleen zu Mittag, umgeben von bunten Blumen, über denen Kolibris schwebten und den süßen Nektar tranken. Kurz kam sich der Träumer vor wie in einer Zeitlupe, obwohl er wusste, dass dem nicht so war. Die Menschen lebten hier einfach bedächtiger. In der Ferne flickten Fischer ihre Netze, andere saßen mit ihren Nachbarn zusammen, plauderten oder tranken ein kaltes, erfrischendes Bier. Auf den Straßen verkauften Händler reifes Obst und Gemüse, während sich Frauen um die Blumen kümmerten.

Keine Eile. Alle genossen ihr Leben. Sie haben noch Zeit, um an Rosen zu riechen!, dachte der Träumer.

Er bezahlte das Wasser und die Lebensmittel und verabschiedete sich.

Der Ladenbesitzer begleitete ihn zum Wagen. Als er die Surfbretter auf dem Dachträger des Jeeps sah, sagte er:

»Im Norden, fünfzehn Kilometer von hier, geht links ein Feldweg von der Straße ab und führt zum Meer. Nach ein paar Minuten hast du gefunden, was du suchst.«

»Woher weißt du, was ich suche?«, fragte der Träumer.

Der Mann lächelte und sagte nur:

»Auf Wiedersehen, mein Freund!«

Also fuhr der geflügelte Träumer fünfzehn Kilometer auf der in der Hitze flimmernden Landstraße, bis er auf den Feldweg stieß, den der Mann erwähnt hatte. In der Ferne konnte er den smaragdgrünen Ozean sehen. Der Träumer lächelte, bog in den Weg ein und folgte dem Weg, den das Schicksal für ihn bestimmt hatte. Der Pfad war in einem recht schlechten Zustand. Da bremste er auf einmal ab. Ihm wurde klar, dass er es nicht mehr eilig hatte, dass er nicht mehr rasen musste. Auch wenn er langsam fuhr, würde er irgendwann an die Küste gelangen. Bedächtig steuerte er also seinen Jeep auf diesen Ort zu, von dem er wusste, dass er existierte, obwohl er ihn noch nie zuvor gesehen hatte. Und er nutzte die Zeit, um den Ausblick zu genießen.

IV

Die Landschaft am Äquator wird von Trockenwald beherrscht. Diese Bäume kommen mit sehr wenig Wasser aus, manche brauchen gar keines. Meist sind es *algarrobos*, eine Baumart, deren stabiles Holz die Einheimischen beim Bau ihrer Häuser verwenden. In den Sommermonaten regnet es, die Bäume und Sträucher warten geduldig auf diese Zeit im Jahr, um zu blühen und für die nächsten neun Monate Wasser zu speichern. Sie sind so robust, dass sie dem starken, salzhaltigen Wind, der vom südlichen Ozean herüberweht, standhalten – ohne einen einzigen Tropfen Süßwasser. Durch diesen Wind sinkt die Temperatur in Meeresnähe drastisch, und die außergewöhnlich reine Luft dort schmeckt wie Gold. Es ist ein Vergnügen zu atmen! Die Häuser sind aus Holz und Bambus, zum Schutz vor Hitze und Regen sind die Dächer mit trockenen Palmwedeln gedeckt.

Schließlich erreichte der Träumer die Küste und hielt an. Er sah ein kleines Holzhaus in der Nähe –

es war der einzige Hinweis darauf, dass hier Menschen lebten. Er stieg aus und ging auf das Häuschen zu. Der von der gnadenlos scheinenden Sonne aufgeheizte Sand brannte unter den Füßen.

Er stieß auf einen Fischer, der seine Netze entwirrte.

»Willkommen«, sagte der Fremde mit einem Lächeln. »Setz dich und trink einen Schluck kaltes Kokoswasser. Es gibt nichts Besseres gegen den Durst!«

»Danke«, sagte der Träumer. Gerne nahm er die Einladung an und trank das erfrischende Kokoswasser. Er spürte, wie sein ganzer Körper abkühlte und wieder Energie tankte.

»Wie lange lebst du schon hier?«

»Um ehrlich zu sein, ich erinnere mich nicht. Keine Ahnung. Ich weiß nicht einmal, welchen Monat wir haben ... oder welchen Tag.«

»Du scherzt!«, sagte der Träumer.

»Nein«, antwortete der Mann. »Wozu müsste ich das wissen?« Er trug tatsächlich keine Uhr – was den Träumer an das Versprechen erinnerte, das er sich vor vielen Jahren gegeben hatte.

»Na ja, ich denke, so etwas weiß man einfach, oder?«

»In deiner Welt vielleicht, nicht in meiner«, gab der Fischer zurück. »Ich muss jetzt fischen gehen. Bleib, so lange du willst.« Langsam schob er sein klappriges Boot ins Wasser, das vielmehr ein kleines Floß aus Bambusrohren war, die mit einem dicken Tau zusammengehalten wurden. Mithilfe eines kleinen Paddels konnte der Fischer im Schneckentempo zu den Stellen im Meer gelangen, an denen ihn leuchtend grünes Wasser erwartete.

Kurz bevor sich das Boot ganz vom Ufer entfernt hatte, fragte der Träumer:

»Wem gehört das Land hier?«

»Mir.«

Ohne darüber nachzudenken, schoss eine Frage aus ihm heraus, die direkt aus dem Herzen des Träumers kam.

»Könnte ich dir ein Stückchen abkaufen?«

»Nein«, sagte der Mann. »Aber du kannst es nutzen, wie du willst. Hier ist ausreichend Platz für uns beide. Meinst du nicht auch?«

Der Träumer traute seinen Ohren nicht. Er musste nichts bezahlen? Der Fischer stellte ihm das Land einfach so zur Verfügung? Ein Mann, den er gerade erst kennengelernt hatte?

»Aber brauchst du das Land denn nicht? Warum bist du so großzügig zu einem Fremden?«

Der Fischer stieg vom Boot und ging zu dem Träumer zurück.

»Natürlich liebe ich die Einsamkeit. Ich habe gelernt, das Leben allein zu schätzen. Wenn man etwas gibt, das man nicht braucht, ist es nichts anderes, als Reste wegzuwerfen. Damit tut man nichts Gutes. Nur wenn man etwas verschenkt, das einem sehr am Herzen liegt, gibt man wirklich etwas. Dann lächelt der Himmel einem zu.«

Der Träumer strahlte.

»Ich würde hier gern eine Hütte bauen.«

»Surfst du?«

»Ja, mit Leib und Seele. Seit eh und je.«

»Ich auch«, sagte der Fischer. »Aber sei gewarnt: Es ist deine Entscheidung, nicht meine.«

»Wie meinst du das? Ist es hier gefährlich?«, fragte der Träumer ein wenig erschrocken.

»Nein, überhaupt nicht. Aber wenn du länger hier bist, wirst du Dinge sehen, hören und erleben, die du dir nicht ansatzweise vorstellen kannst. Das wird deine Sicht auf die Welt für immer verändern. Denk also daran, die Verantwortung für deine Entscheidung zu übernehmen.« Er drehte sich um und ging zum Wasser, wo sein Boot auf ihn wartete.

Der Träumer zögerte. Er sah sich um, drehte sich in alle Richtungen: das atemberaubende Meer, der weiße Sand, die gebirgige Halbwüste, das Fehlen jeglichen Anzeichens einer menschlichen Zivilisation. Er war glücklich.

Kurz bevor der Träumer wieder zu seinem Jeep ging, rief er dem Fischer zu:

»Wie heißt du?«

»Santiago. Und du?«

»Nenn mich einfach einen Träumer!«

V

Also hörte der Träumer auf sein Herz und baute kein Haus, sondern ein Heim. Es stand auf einem kleinen Betonfundament im Sand, war aus recyceltem Hartholz gezimmert und hatte die Form einer Pyramide. Das zweistöckige Heim, sein Fenster zur Sonne, war sehr klein, aber groß genug für die grundlegenden Dinge: einen Süßwassertank mit Pumpe, eine Küche, einen kleinen Lagerraum, ein großes Zimmer im Obergeschoss und ein kleineres unten sowie zwei kleine Badezimmer. Er kaufte ganz einfache, zweckmäßige Möbel. Neben der Hütte schuf er Platz für den Jeep, und zum Schluss baute er eine offene Veranda vor das Haus mit einem Schattendach aus Bambus und Palmwedeln gegen die starke Sonne. Dank dieses Schutzes und der Meeresbrise war es auf der Veranda immer kühl. Er zog einen Lattenzaun um sein Heim und deckte das Dach mit getrockneten Palmblättern, um es für die Regenzeit zu wappnen. Die Wände innen waren aus hellbraunem Bambus.

Er baute eine Windmühle, um die Windenergie zu nutzen, und für Zeiten der Windstille schloss er das Haus an die elektrischen Leitungen an, die unterirdisch von der Kleinstadt kommend an der Landstraße verliefen. Die gesamte Front und die Rückseite des Hauses waren verglast, sodass jeder, der vorbeikam, hineinsehen konnte. Vor Langem schon hatte der Träumer beschlossen, nach seinen Überzeugungen zu leben, und er hatte sich geschworen, dass niemals ein Geheimnis in seinen vier Wänden wohnen würde. Es gab nicht einmal einen Schrank, denn er hatte nichts zu verbergen, und das Leben hatte ihn gelehrt, mit leichtem Gepäck zu reisen.

Fünfzig Meter vom Haus entfernt lag das weite Meer. Ein stiller Zeuge der Wunder, die sich in diesem Haus aus Licht zutragen würden.

Eines Abends ging der Träumer barfuß am Strand spazieren. Vom Ufer aus sah er zum ersten Mal sein leuchtendes Heim bei Nacht. Da das Licht aus dem Inneren des Hauses heller strahlte als das Sonnenlicht bei Tag, wusste er, dass er alles richtig gemacht hatte und seine Arbeit erledigt war. Das Haus verströmte eine besondere Energie aus Bescheidenheit, Schlichtheit und einem ganz besonderen Luxus: nichts zu beherbergen, das wert wäre, gestohlen zu werden. Das Haus war mit keinem anderen zu vergleichen, und es machte den Träumer glücklich. Er hatte endlich das Gefühl, ein Heim gebaut zu haben und keinen Käfig.

Santiago, des Träumers einziger Nachbar, hatte ihn draußen gesehen und gesellte sich nun, in dieser sternenklaren Nacht, zu ihm.

»Es ist schön.«

»Danke, Santiago.«

»Es hat jedoch keinen Sinn, etwas zu besitzen, wenn man es nicht mit seinen Nachbarn teilen kann.«

»Welche Nachbarn?«, fragte der Träumer. »Meinst du dich?«

»Nein, keineswegs. Ich meine jene, die hier in der Gegend wohnen. Irgendwann wirst du sie kennenlernen.«

»Wen meinst du damit?«

»An deiner Stelle würde ich frisches Wasser und Essen auf die Veranda stellen, ich würde vielleicht auch ein paar Bougainvilleen und andere Blumen pflanzen.«

»Wofür?«

»Das, mein Freund, wirst du schon noch herausfinden.«

Bevor der Träumer in dieser Nacht zu Bett ging, dankte er Mutter Erde für die Geschenke, die sie ihm gemacht hatte. Wieder einmal stellte er fasziniert fest, wie sehr es ihn erfüllte, einfach nur auf die Stimme seines Herzens zu hören. Weit weg von der Zivilisation, mitten in der Natur und am Meer, wurde ihm klar, dass alles, was ihm früher so drängend und wichtig erschienen war, jede Bedeutung verloren hatte. Hier gab es kein Gerede und keine Hektik. Der Träumer fühlte sich ganz im Einklang mit der Welt um ihn herum, einer Welt, in der es unwichtig war, welches Auto man fuhr, oder ob das Haus des Nachbarn größer war als das eigene. Er war glücklich, sich von all dem frei gemacht zu haben, was man ihm als Erfolg verkauft hatte.

Wenn doch nur mehr Menschen sehen und fühlen könnten, was ich in diesem Augenblick sehe und fühle!, dachte der Träumer.

Am nächsten Tag entdeckte er, dass Santiago am Strand vor seinem Haus aus fünf Balken *huaytaco*-Hartholz, das im salzigen Wind nicht verrottete, eine schlichte, kleine Konstruktion gebaut hatte, mit einem Dach aus Bambusrohren und Palmblättern. Dank dieser Pergola hatte er am Ufer sehr viel mehr Schatten vor der Sonne, die einen schnell verbrennen konnte, wenn man gerade aus dem Wasser kam. Nach dem Fischen machte Santiago unter diesem Dach kurz halt, trank Kokoswasser und ruhte sich aus. Er hatte sich sogar einen kleinen Stuhl aus Bambusrohren gebaut. Santiago zog seine Badehose aus, hängte sie über die Balken und trocknete sich ab. Nackt wie am Tag seiner Geburt ging er langsam mit seinem Fang zu seinem Haus. Anfangs machte es den Träumer verlegen, seinen Nachbarn nackt zu sehen, er war ja an die Stadt gewöhnt, in der alle auf modische Kleidung achteten. Doch dann betrachtete er es als etwas Natürliches. Er baute sich selbst einen Sonnenschutz und einen einfachen Stuhl. Und er stellte zwei Schaukeln auf, die in ihm schöne Kindheitserinnerungen wachriefen. Jeden Tag nahm er sich Trinkwasser und ein Handtuch mit und ging zu seinem Schattenplatz am Ufer.

Wie lange war es her, dass er zuletzt auf einer Schaukel gesessen und es derart genossen hatte?

Jahre. Zu viele Jahre.

Die Vergangenheit ist unwiederbringlich vergangen. Doch der Träumer wusste, dass jeder Tag immer auch eine Chance ist, von Neuem zu beginnen.

Er hatte den Ort gefunden, von dem er immer geträumt hatte. Was er daraus machte, lag ganz allein an ihm.

Der Träumer verbrachte Stunden im Meer. Er tauchte mit Fischen in allen Farben, mit Schildkröten und hin und wieder auch mit einem Stachelrochen. Genau an dieser Stelle, an der er sein Heim gebaut hatte, traf der kalte Humboldtstrom aus dem Süden auf das warme Wasser des Südäquatorialstroms. Das Wasser war an manchen, planktonreichen Stellen von einem tiefen Dunkelblau, das dort, wo die Korallenriffe blühten, zu einem klaren Türkisgrün überging.

Der Träumer saß eine Weile auf einer der beiden Schaukeln, die er gebaut hatte, und trank Koskoswasser. Dann setzte er sich auf seinen Stuhl, um den wundervollen Sonnenuntergang zu betrachten, der ein strahlender Abschluss eines perfekten Tages war, an dem der Träumer sich durch und durch lebendig gefühlt hatte.

Als er nach Hause ging, erinnerte er sich an Santiagos Rat: »Stell nachts frisches Wasser raus.«

Warum nicht?

Also füllte er eine Schüssel mit Süßwasser und stellte sie in den Sand. Die Dunkelheit brach gerade herein, als er, erschöpft, aber glücklich, in sein lichtvolles Heim zurückkehrte.

VI

Jede wichtige Entscheidung, die man trifft, hat einen Preis, den man zahlen muss. Selbst wenn sie einen der Verwirklichung seiner Träume näher bringt.

Als der Träumer die Großstadt verlassen hatte, musste er wahre Freunde zurücklassen. Und den für ihn allerwichtigsten Menschen auf der Welt: seinen Sohn.

Diese Entscheidung war hart gewesen und hatte ihm fast das Herz gebrochen. Er hatte seinen Sohn vergeblich gefragt, ob er mit ihm kommen wolle, an einen Ort, der nicht verseucht ist von einem System, das aus Menschen Roboter macht. Sooft es ging, nahm der Träumer ihn mit in das Haus aus Licht. Anfangs vergaß sein Sohn die Großstadt schnell, er genoss das Meer und erfreute sich an der Schönheit und den Wundern der Natur. Stundenlang planschten sie zusammen im warmen Wasser, schwammen mit den Schildkröten und spielten mit den Fischen. Sie lachten und lebten.

Doch als sein geliebter Sohn älter wurde, veränderte er sich. Schon als er sieben Jahre alt war, vermisste er das Leben in der Stadt, die Supermärkte, das überflüssige Plastikspielzeug, das ohnehin nur Staub ansetzte. Vor allem aber fehlte ihm sein iPad. Er war als Kind der Sonne geboren worden, doch innerhalb weniger Jahre wurden der Fernseher und das iPad seine Gefährten. Er war süchtig danach, Spiele auf diesem kleinen Gerät zu spielen. Im Haus aus Licht beklagte er sich, weil sein Vater ihn nur ein, zwei Stunden am Tag fernsehen ließ, und natürlich gab es kein iPad. Der Sohn sehnte sich nach Einkaufszentren, riesigen Supermärkten. Sein Vater versuchte vergebens, ein Gleichgewicht zu finden, einen Weg, durch den sich sein Sohn an beiden Welten erfreuen konnte, doch er verlor den Kampf. Schon in jungen Jahren wurde sein Sohn – wie der Träumer selbst in seiner Jugend – ein Abhängiger von materiellen Besitztümern, von Dingen, die er nicht brauchte.

Doch der Träumer wusste, dass sein Sohn das Meer liebte und dass ihn diese Liebe eines Tages wieder zu sich selbst führen würde. Sosehr ihn das Verhalten des Sohnes auch schmerzte, er wusste, dass er selbst die gleichen Fehler gemacht hatte und dass man mitunter den falschen Weg gehen muss, um daraus zu lernen. Also gab der Träumer seinen Sohn frei und hoffte, dass er eines Tages zurückkehren würde. Selbstverständlich blieb er ihm nahe, rief ihn an und besuchte ihn in der Stadt, weil sein Sohn der größte Schatz war, mit dem das Leben ihn gesegnet hatte. Er wünschte sich nur, dass irgendwann beide Schaukeln im gleichen Takt vor- und zurückschwingen würden. Bis sein Sohn schließlich seinem eigenen Schicksal, seinen eigenen Träumen entgegenfliegen würde.

Nach einer Woche in der Großstadt bei seinem Sohn kehrte der Träumer in das Haus aus Licht zurück. Das Erste, was er tat: im stillen Meer zu schwimmen.

Als er aus dem Wasser kam, setzte er sich unter das Schattendach, das er gebaut hatte. Dabei fiel ihm auf, dass kein Wasser mehr in der Schüssel war. Er sah kleine Pfotenabdrücke um die Schüssel herum – vielleicht ein streunender Hund, dachte er. Bevor der Träumer zu Bett ging, füllte er die Schüssel wieder und stellte auch eine Dose Thunfisch vors Haus. Für alle Fälle.

Wenn man einen halben Kilometer vom nächsten Nachbarn entfernt unter einem Nachthimmel schläft, der aussieht, als habe man Millionen goldene Punkte auf eine schwarze Leinwand gemalt, und nur von den Geräuschen der Natur, dem Rauschen der brechenden Wellen umgeben ist, überkommt einen völlige innere Ruhe. Man wird sich bewusst, dass man nur ein kleines Staubkorn im

Universum ist, das nicht von Menschenhand geschaffen wurde, sondern von etwas Größerem. Man befindet sich im totalen Einklang mit der Welt um sich herum. Man gibt sich einfach dem Lebensfluss hin. Man lebt.

Am nächsten Morgen, nachdem er ein leichtes Frühstück mit viel frischem Obst zu sich genommen hatte, machte der Träumer einen Spaziergang. Er brauchte keinen Wecker, denn wenn man in der Natur lebt, geschieht alles auf natürliche Weise. Die Augen öffnen sich kurz vor Tagesanbruch und schließen sich nach Einbruch der Dunkelheit. Davon hatten ihm schon vor seinem Abschied von der Gesellschaft Menschen erzählt, die auf dem Land, umgeben von fruchtbaren grünen Feldern, lebten.

Er ging barfuß aus dem Haus und durch den kühlen Sand. Ganz automatisch hatte er in den letzten Wochen seine Kleidung auf das absolute Minimum reduziert – drei Badehosen, Unterwäsche, ein paar T-Shirts, einen Sonnenhut, Sonnenbrille und Sandalen. Seine Haut war gebräunt. Alles, was er brauchte, fand er in den kleinen Geschäften in der Stadt, die mit dem Auto eine Viertelstunde entfernt war. Nie hatte er sich so leicht gefühlt.

Jäh hielt er inne.

Die Wasserschüssel und die Thunfischdose waren

beide leer. Kleine Spuren waren um die Pergola herum zu sehen, doch kein Tier war in Sicht. Der Träumer stand vor einem Rätsel.

Am Abend ging er ins Meer und tauchte. Im Schein einer Taschenlampe sah er Fische in allen Farben und Größen, Nachtfische, hauptsächlich Raubfische, die ganz anders aussahen als die Fische am Tag. Danach setzte er sich wieder in den Bambusstuhl unter dem Dach. Er nahm Flossen und Brille ab, trocknete seinen nackten Körper mit einem Handtuch und entschied sich schließlich dagegen, etwas überzuziehen. Er musste sich nicht bedecken, er war allein am Strand.

Er wollte schon zum Haus zurückgehen, als etwas seine Aufmerksamkeit erregte. Ungefähr hundert Meter von ihm entfernt bewegte sich ein Tier, das in der Dämmerung aussah wie ein kleiner, pelziger Hund. Es grub Löcher in den feuchten Sand, als würde es nach etwas suchen. Mit seinen kräftigen Vorderpfoten grub es immer tiefer und steckte die Schnauze in das Loch. Dann schob das Tier den Sand gemächlich zur Seite. Schließlich sprang es zurück und wartete im nassen Sand, die Augen konzentriert auf das Loch gerichtet. Nach einer Weile kroch eine feuerrote Krabbe aus dem Loch. Die Scheren streckte sie bedrohlich in die Höhe. Doch anstatt die Krabbe anzugreifen oder zu fressen, wedelte das kleine, pelzige Tier mit dem

Schwanz. Erst da begriff der Träumer, dass es gar kein Hund war, sondern ein Fuchs! Die Art und Weise, wie er die wütende Krabbe freudig begrüßte, machte deutlich, dass er ihr nichts tun, sondern lediglich mit ihr spielen wollte.

Nach ein paar Minuten schien die Krabbe zu merken, dass der kleine Fuchs ihr nichts tun wollte. In aller Ruhe ging sie zum Meeressaum und war schon bald in der Sicherheit der schäumenden Wellen verschwunden.

Die Nacht war hereingebrochen. Der Träumer schaltete die Taschenlampe ein und leuchtete sich den Weg nach Hause. Auch der kleine Fuchs entfernte sich, doch seine tiefen, gelben Augen blieben auf den Träumer gerichtet. Kurz bevor das Tier verschwand, hörte der Träumer eine Stimme, die von überallher zu kommen schien:

»Danke für das Futter!«

VII

So kam es, dass der Träumer zum ersten Mal seit Langem wieder die Sprache der Wahrheit hörte, diese vertraute Ursprache, die Menschen und Tiere von Geburt an beherrschen. Wir Menschen vergessen sie gleich am ersten Tag unseres Lebens auf der Erde. Der Träumer hatte schon mit wilden Delfinen und Buckelwalen kommuniziert, nie aber mit einem Wesen, das an Land lebt.

Für den Träumer waren das die schönsten Augenblicke: zum Horizont zu blicken, wenn die Sonne unterging, die Pflanzen und Bäume zu gießen, die um sein kleines Haus aus Licht herum wuchsen, oder den Vögeln, die ihm mittlerweile aus der Hand fraßen, Wasser zu geben, damit sie ihren Durst stillen konnten. Einkaufszentren, Supermärkte und die Hektik des modernen Lebens verschwanden aus seinem Denken und aus seinem Leben.

Er lernte, seine Sinne zu gebrauchen wie nie zuvor. Er konnte den Regen riechen, bevor er aufzog, konnte die Geräusche der Natur deuten und die wahre Schönheit der Dinge erkennen, die Wärme der Sonne intensiver denn je spüren. Wenn er mit Delfinen und Walen schwamm, so nackt wie die Meeresbewohner, fühlte er, wie das warme Meerwasser seinen ganzen Körper umgab. Nachdem er endlich die Ketten der Zwänge gesprengt hatte, die ihn so unglücklich gemacht hatten, fand er sich nicht nur in der Lage, mit wilden Tieren zu kommunizieren, sondern auch mit Blumen und Bäumen. Es war, als hätte er den Schlüssel zu einer Tür in seinem Geist gefunden, die viel zu lange verschlossen gewesen war.

Die Sprache der Wahrheit ist keine Sprache, die man mit Worten spricht. Sie wird immer dann gesprochen, wenn eine enge Beziehung zwischen Tier und Mensch entsteht, beispielsweise bei einem Hund und seinem Herrchen. Zwischen ihnen kann sich eine so enge Bindung entwickeln, dass Mensch und Hund gleichermaßen wissen, was der andere empfindet, auch wenn der eine spricht und der andere bellt. Der Hund weiß, wann der Mensch traurig ist, und umgekehrt, nicht weil der eine weint oder der andere ein trauriges Gesicht macht – sie spüren es einfach. Es ist eine Sprache, die direkt aus dem Herzen kommt.

Der Träumer war sicher, dass ihm keiner je glauben würde; doch das störte ihn nicht, denn er war glücklich, dass es wahr war.

Manchmal wünschte sich der Träumer, seine Erfahrungen mit anderen teilen zu können, mit Menschen, die ihn verstanden, deren Geist für Wunder offen war – Menschen, die bloß auf ein Zeichen warteten, um alles hinter sich zu lassen.

Glücklicherweise konnte der Träumer diese Erfahrungen mit einem Engel teilen, der zusammen mit ihm auf diese Reise gegangen war und hoffentlich für immer an seiner Seite bleiben würde. Der Engel war eine Fotografin. Sie wollte ihm helfen, seine Erfahrungen mit anderen zu teilen. Mithilfe ihrer Bilder würden die Menschen ihm endlich glauben.

Eines Abends saß der Träumer auf seinem Rohrstuhl unter dem Sonnendach und blickte aufs Meer. Da spürte er, dass sich neben ihm etwas bewegte. Aus der Dunkelheit kam langsam eine kleine Gestalt auf ihn zu und setzte sich neben ihn.

Mit der Taschenlampe leuchtete der Träumer in die Richtung der Gestalt. Er erkannte gleich den kleinen Fuchs, der das Wasser getrunken und das Essen gefressen hatte.

»Hallo!«, sagte der Träumer.

Der kleine Fuchs wedelte ganz furchtlos mit dem Schwanz.

»Wie heißt du?«, fragte der Träumer.

Das pelzige Tier ging einen weiteren Schritt auf den Träumer zu. Behutsam legte er eine Pfote auf das Bein des Träumers, und der Träumer legte ihm sanft die Hand auf den Kopf. Es war ein Moment vollkommenen Einverständnisses zwischen zwei verschiedenen Geschöpfen aus zwei ganz unterschiedlichen Welten.

»Du hast keinen Namen«, sagte der Träumer, und der Fuchs sah ihn neugierig an.

»Macht nichts. Ich werde dich Cheekee nennen. In meiner Sprache ist das eine Koseform für jemanden, der so klein und süß ist wie du.«

Der kleine Fuchs wurde ganz aufgeregt. Seine hellbraunen Augen blickten aufmerksam in die des Träumers.

»Dann bist du also Cheekee!«, sagte der Träumer.

Der Fuchs rieb seinen pelzigen Körper am Bein des Träumers. Das Glücksgefühl, das der Wind mit sich brachte, konnte man überall spüren.

Und so trat ein verspielter, wilder Fuchs namens Cheekee in das Leben des Träumers. Dank diesem kleinen Freund, einem Geschenk des Himmels, sollte sich sein Leben auf eine Weise verändern, die er sich nie hätte vorstellen können. Der Träumer hatte einen Sinn hier auf Erden gefunden und die Freiheit, sich ohne Angst auszudrücken.

Als der Träumer am nächsten Morgen erwachte, war er überzeugt, er hätte davon geträumt, mit einem wilden Fuchs zu sprechen. Doch bald wurde ihm klar, dass er, wenn er denn geträumt hatte, es mit offenen Augen und im Wachen getan hatte. Von diesem Moment an dachte er immer an das, was Santiago zu ihm gesagt hatte:

»Wenn du länger hier bist, wirst du Dinge sehen, hören und erleben, die du dir noch nicht einmal ansatzweise vorstellen kannst. Aber sei gewarnt: Es ist deine Entscheidung, nicht meine.«

VIII

An der peruanischen Küste ist der Wechsel der Jahreszeiten einzigartig. Die Temperaturen verändern sich nur minimal – ein ewiger Frühling, der sich zu einem heißen Sommer verwandelt und nur vom Seewind gekühlt wird. Im Herbst fällt kein Laub, im Winter kein Schnee, im Frühjahr beginnen die Blumen nicht zu blühen, denn sie blühen das ganze Jahr über.

Den Wechsel der Jahreszeiten erkennt man hier an den Wanderungen der Vögel und Meerestiere. Regen bedeutet, dass der Sommer gekommen ist, so wie die Ankunft der Wale bedeutet, dass der Winter angebrochen ist. Alles im Leben hängt davon ab, wo man lebt, auch die Jahreszeiten.

Der Träumer war angenehm überrascht, in seinem kleinen Stückchen des Paradieses eine ganz neue Art von Freude am Leben zu entdecken, ohne blödes Geschwätz und Konkurrenzdenken. Er aß, wenn er hungrig war, nicht wenn die Gewohnheit es ihm vorschrieb.

Er konnte den ganzen Tag lang nackt umherlaufen. Die Hautfarbe war unwichtig. An der Landstraße, auf die der Feldweg führte, gab es auf einer Strecke von über hundert Kilometern nur eine einzige Ampel. Wildesel streiften genauso umher wie Ziegen und Schweine, Schlangen und Füchse. Die Natur schuf sich ihr eigenes Gleichgewicht. Eidechsen und Geckos in allen Farben und Größen sowie bunte Vögel bewegten sich frei um das Haus aus Licht und um den Träumer herum. Furchtlose Schmetterlinge und Libellen schwirrten durch die Luft. Mitunter, wenn er Glück hatte, kam sogar ein Ameisenbär oder ein Stachelschwein vorbei und blieb eine Weile bei ihm. Neugierig näherten sie sich dem Träumer und Santiago. Die Geschicklichkeit und Geschwindigkeit, mit der diese wunderbaren Tiere kleine Insekten fingen und fraßen, waren verblüffend. Doch für den Träumer zählte vor allem, dass er einen Ort gefunden hatte, an dem der einzige Grund für ein Lebewesen, ein anderes zu töten, der war, am Leben zu bleiben, damit seine Art fortbestehen konnte. Keine Grausamkeit, kein Hass, keine Rache, kein Neid, kein religiöser Fanatismus. Es gab nur den Fluss des Lebens im völligen Einklang mit den Gesetzen der Natur. Der Träumer hatte vor langer Zeit in einem Buddhistenkloster im Himalaja gelernt, dass alle Geschöpfe heilig sind. Wenn man ein Leben rettet, rettet man die ganze Welt. Seitdem hat er nie wieder ein Tier getötet, nicht einmal eine Fliege oder eine Ameise. Der Träumer hatte erkannt, wie kostbar jedes einzelne Leben ist – und dass sich kein Lebewesen aussuchen kann, wo und als was es geboren wird. Es machte ihm nichts aus, dass die Leute ihn auslachten, denn er war sich seiner Sache sicher.

Die Bäume und Blumen, die der Träumer gepflanzt hatte, wuchsen gesund und kräftig heran. Sie spendeten Schatten, Schutz und Nahrung für Schmetterlinge, Bienen und Hummeln. Als sich auch alle Arten von Vögeln in dem kleinen Garten des Friedens tummelten, stellte der Träumer je eine Futterstelle auf der Veranda und im Obergeschoss auf. Er baute sie aus Ziegelsteinen, auf die er ein stabiles Holzbrett legte. Darauf stellte er eine große blaue Tonschale, die mit Wasser gefüllt war. Daneben legte er je zwei ausgehöhlte Schilfrohre, die er am Strand gefunden hatte – ein Geschenk des Meeres. Er füllte sie mit Kernen, die er im Dorf gekauft hatte, damit auch die Vögel zu fressen hatten.

Der Träumer verbrachte seine Zeit damit, die Pflanzen zu gießen, Salat, Karotten und anderes Gemüse zu ernten und die vielen verschiedenen Vögel und andere Tiere zu füttern, die nun das Haus aus Licht besuchten. Oft war er auch mit Cheekee zusammen, der Sonnenuntergänge genauso liebte wie der Träumer. Dann saßen sie nebeneinander und genossen den magischen Moment, wenn die Sonne sich schlafen legte und der Tag zur Nacht wurde. Sie verbrachten immer mehr Zeit zusammen, doch wenn es spät wurde, verschwand der kleine Fuchs in den Schatten der Nacht. Der Träumer nahm es ihm nicht übel, denn der Fuchs war ein wildes Tier, und das war seine Bestimmung.

Im Leben des Träumers gab es keinen Alltagstrott. Er surfte, tauchte mit den Fischen und kommunizierte mit der Natur, die ihn umgab. Jeden Tag lernte er etwas Neues von seinem Umfeld. Er schüttelte Hände, umarmte die älteren Frauen, die in der Nähe wohnten, sprach mit den Leuten aus der kleinen Stadt, in der er das Nötigste besorgte. Er lebte nun so, wie er es sich immer erträumt hatte. Rückblickend begriff er, wie und warum er so viele Hürden hatte nehmen müssen, um dort anzukommen, wo er nun war. Und dafür schätzte er es umso mehr.

Seine Vergangenheit – von einem Ort zum anderen zu rennen, ohne wirklich zu wissen, wohin er wollte, und nach Erfolg zu streben – verschwamm immer mehr. Er hielt telefonisch Kontakt zu seinen Freunden und erlebte lichtvolle Momente in der ihn umgebenden Natur. Die Liebe zu seinem Sohn wurde Tag für Tag größer.

Er lernte, dass man, um glücklich zu sein, nur

wenige materielle Dinge brauchte, dafür jedoch viel Liebe und viel freie Zeit. Er hatte seine monatlichen Ausgaben auf ein Minimum reduziert und brauchte nur sehr wenig Geld. Viel wichtiger aber war, dass kein einziges Geschöpf, das sein Haus aus Licht besuchte, über ihn urteilte. Er hatte nicht nur einen Ort gefunden, an dem sein Herz zu Hause war, sondern auch eine Möglichkeit, sein Herz immer mitzunehmen, wohin er auch ging.

Eines Morgens, nach einem frühen Wellenritt und einer kalten Dusche, saß er auf seiner Veranda, trank kühles Kokoswasser und hörte Musik. Der Träumer hatte die Veranda mit einem Lattenzaun umgeben und ein weißes Sofa daraufgestellt, auf dem er, dank des Dachs aus Bambus und Palmwedeln vor der heißen Sonne geschützt, stundenlang sitzen und auf das weite Meer blicken konnte.

Etwa drei, vier Meter vor ihm tranken ein paar kleine gelbe Vögel an der Futterstelle, die er gebaut hatte. Als sie fertig waren, flogen sie nicht weg, sondern kamen langsam auf den Träumer zu, setzten sich dann auf den Zaun und sahen ihn an.

Der Träumer schloss kurz die Augen. Er erinnerte sich an die Stimme, die ihm für das Futter gedankt hatte, das er vors Haus gestellt hatte. Wieder hatte er sich an die Sprache der Wahrheit erinnert, die Sprache des Universums. Und damals hatte er begriffen, dass es nicht eine Sprache der Worte war, sondern eine Kommunikation durch Gedanken und mit der Stimme des Herzens.

Einer der Vögel, er hatte einen kleinen roten Punkt auf dem Kopf, blickte den Träumer freundlich an. Vielleicht wollte er sich für das Wasser bedanken.

Mit der Stimme des Herzens sagte der Träumer: »Gern geschehen.«

»Was tust du hier, so weit von deinen Artgenossen entfernt?«, fragte der kleine Vogel.

»Leben.«

»Wie meinst du das?«

»Bevor ich hierherkam, habe ich nicht gelebt. Ich habe lediglich versucht zu überleben. Hier aber kann ich alles tun, was ich schon immer tun wollte. Ich lebe.«

Die gelben Vögel sahen einander an, dann blickten sie wieder den Träumer an.

»Gut so!«

»Darf ich euch Sonne und Mond nennen?«

»Warum?«, wollten sie wissen.

»Weil ihr zum Fressen kommt, wenn die Sonne aufgeht und der Mond untergeht.«

Wieder sahen sie einander an.

»Also werde ich dich, du schöner gelber Vogel mit dem roten Punkt am Kopf, Sonne nennen, denn du erinnerst mich an den roten, feurigen Schimmer des Sonnenuntergangs. Und dich werde ich

Mond nennen, weil dein hellgelbes Gefieder mich an den Vollmond denken lässt.«

»Danke«, sagten die Vögel.

Der Träumer hatte das Gefühl, dass sie ihm noch etwas mitteilen wollten.

»Was ist?«, fragte er.

»Hast du bemerkt, dass immer mehr unterschiedliche Vögel kommen, um zu fressen und im Schatten zu sitzen, wenn es zu heiß wird?«

»Ja.«

»Weißt du, seit du diese kleine Oase geschaffen hast, haben viele Vögel sie entdeckt, und es werden noch viel mehr kommen.«

»Wie viele?«, fragte der Träumer.

»Sie kommen von Süden und von Norden, von Osten und sogar von Westen. Nun, da der Frühling bevorsteht, nisten sie über und unter deinen Palmwedeln.«

Der Träumer dachte an die merkwürdigen Geräusche, die er in den Palmblättern seines Dachs gehört hatte.

»Du hast für viele von uns, die keinen Platz oder kein Nest hatten, um sich auszuruhen, ein Obdach geschaffen, dafür danken wir dir. Bald wird dein kleines Heim von ganzen Vogelschwärmen und viel, viel Liebe umgeben sein.«

Tränen liefen dem Träumer über die Wangen.

Der gelbe Vogel mit Namen Sonne sagte:

»Etwas zu geben, ohne im Gegenzug etwas dafür zu verlangen, ist am Ende das schönste Geschenk, das du dir selbst machen kannst. Aber ich kann mir vorstellen, dass du das schon wusstest.«

IX

So wurde das Haus aus Licht zum Zufluchtsort für alle Arten von Tieren, ein kleiner Fleck in der großen Welt, an dem sie rasten, Schutz, Schatten, Futter, Ruhe und viel Liebe finden konnten.

Dennoch hinterfragte der Träumer ständig das Leben, das er gewählt hatte. Noch immer spürte er den Druck und die Zwänge, die ihm damals sein Verhalten in der Gesellschaft, aus der er nun ausgestiegen war, diktiert hatten. Manchmal sprachen sie zu ihm und redeten ihm ein, er verschwende seine Zeit und faulenze nur. Hin und wieder zerbrach sich der Träumer auch den Kopf darüber, ob er in Bezug auf seinen Sohn egoistisch handelte. Immer wenn ihn diese Schuldgefühle überkamen, nahm er seinen Laptop zur Hand und suchte nach Hinweisen, die ihm die Stimmen der Vergangenheit geben könnten.

Oft fand er Trost in den Worten eines Schriftstellers und Philosophen, der vor langer Zeit gelebt hatte. Henry David Thoreau. Thoreau hatte sein

Leben auf genau dieselbe Weise infrage gestellt wie der Träumer seines. Deswegen hatte er sich irgendwann allein in die Wälder zurückgezogen und dort gelebt. Bei einer Stelle fühlte sich der Träumer diesem Schriftsteller immer besonders nahe:

Wenn jemand mit seinen Gefährten nicht Schritt hält, so geschieht es vielleicht, weil er einen anderen Trommler hört. Lasst ihn zu der Musik marschieren, die er hört, wie auch ihr Takt und wie fern sie selbst auch sei. Es ist nicht wichtig, dass der Mensch so schnell reif wird wie ein Apfelbaum oder eine Eiche. Soll er seinen Frühling in Sommer verkehren?

Der Träumer trat in die Fußstapfen dieses Mannes, der gelebt hatte und gestorben war, lange bevor der Träumer überhaupt geboren wurde. Er verstand, wie Thoreau sich gefühlt haben musste, als keiner ihm glauben wollte.

Der Träumer war glücklich mit all den Lebewesen, die ihn umgaben, all den wundervollen Seelen, die die universelle Sprache der Liebe sprachen.

»Na, sprichst du schon mit all den wundervollen Geschöpfen, die in diesem Winkel der Welt wohnen?«

»Santiago!«

»Hallo, Träumer«, sagte Santiago mit dem sanften Lächeln eines Menschen, der wahren Seelenfrieden gefunden hat. Auf seinen Reisen um die Welt hatte der Träumer gelernt, dieses Lächeln zu erkennen.

»Darf ich dir Gesellschaft leisten?«, fragte Santiago.

»Natürlich!«, antwortete der Träumer. »Setzen wir uns eine Weile an den Strand.« Cheekee kam unters Dach, wedelte mit seinem flauschigen Schwanz und blieb vor Santiago stehen. Er schmuste eine Weile mit ihm, dann ging er zum Wasser und steckte die Nase in die Krabbenlöcher. Er spielte gern mit Krabben. Kurz darauf spürte er eine auf – seine Freude konnte man am aufgeregten Schwanzwedeln erkennen.

»Es ist faszinierend, was man alles entdecken kann, wenn man nur kurz innehält, seinen Kopf frei macht von all dem Dreck, mit dem man uns das Gehirn gewaschen hat, und den Geräuschen der Natur lauscht«, sagte Santiago.

»Ich hätte nie gedacht, dass ich jemals ein derartiges Bewusstsein dafür entwickeln könnte, Santiago«, sagte der Träumer. »Ich werde immer dankbar sein für das Land, das du mir gegeben hast, ohne etwas dafür zu verlangen. Nun weiß auch ich, was du bereits wusstest, als ich hierhergekommen bin.«

»Was hat es für einen Sinn, von so viel Schönem umgeben zu sein, wenn man es nie mit anderen teilt?«, fragte Santiago und nahm die Hand des

Träumers. Die Sonne war im Begriff unterzugehen. »Schließ die Augen«, sagte Santiago und hielt die Hand des Träumers ganz fest. »Atme langsam, und denk an nichts. Sei endlich frei!«

Zuerst war es schwierig, aber sobald der Träumer seinen Kopf frei bekommen hatte, war ihm, als wäre er selbst zu einem körperlosen Gedanken geworden. Plötzlich vermischten sich alle Farben um ihn herum und wurden zu einem strahlenden Licht, wie er es noch nie gesehen hatte. Er empfand sich in vollkommener Verbundenheit mit dem ganzen Universum und verstand nun, worum es bei der Reise des Lebens ging: Liebe. Er spürte die Präsenz seines Sohnes so stark wie nie zuvor, denn wenn man liebt, existiert keine räumliche Entfernung. Ob ein Mensch nah ist oder nicht, hängt einzig davon ab, wie nah man ihn bei seinem Herzen trägt. Das Bild seiner geliebten Mutter und ihres wunderbaren Lächelns stand ihm noch immer vor Augen, wenn er sich einsam fühlte. Wenn er mit Delfinen und Walen sprach und ihnen Worte der Liebe zuflüsterte, wurde ihm klar, dass alles, was ihn umgab, die Vögel, die Bäume, der Garten, die Wildesel und sein treuer Freund Cheekee dieses Stückchen Land in einen Ort verwandelten, den Christen das Paradies nennen würden. Der Träumer konnte die Seele seines Sohnes und die der Frau spüren, die er liebte. Hier an diesem Ort war kein Platz für das wie auch immer geartete Böse.

»Ein schönes Gefühl, nicht wahr?«, sagte Santiago. Langsam schlug der Träumer die Augen auf und fand zurück ins Hier und Jetzt.

»Mehr als schön. Es fühlt sich an wie Liebe.«

»In der Tat«, sagte Santiago. »Am Ende geht es nur darum. Das Leben zu lieben, alle Geschöpfe in ihm zu lieben, zu lieben, dass man lebt. Ich weiß nicht, was du gesehen hast, als du an nichts gedacht hast, aber ich bin mir sicher, dass du danach die wichtigen Dinge in deinem Leben gesehen hast.«

Santiago stand auf und zog den Träumer an der Hand hoch.

»Du solltest versuchen, die Botschaft dessen, was du gesehen, gefühlt und gelernt hast, bis in den hintersten Winkel der Welt zu tragen. Hoffentlich hilft es, das Böse auszumerzen, das überall sein Unwesen treibt.«

»Wie meinst du das?«

»Ich glaube, mit deinen Worten – und vielleicht sogar mit ein paar erhellenden Erlebnissen, die deine Kamera festgehalten hat – solltest du die Menschen wissen lassen, dass es kein größeres Wunder gibt als zu begreifen, wer wir sind. Jeder sollte aus seinem Inneren all das verbannen, was nicht Teil seiner wahren Identität ist.

Mit dem Feuer der Liebe sollst du die Steppe erhellen, durch den Wind der Hoffnung den Duft der Liebe in alle Himmelsrichtungen verbreiten, Träumer. Dies wäre das schönste Geschenk, das du dieser wundervollen Welt als Gegenleistung für das Leben machen kannst, das sie uns bietet. Durch die Lektionen, die du gelernt hast, bist du nun verpflichtet, das zu lehren und weiterzutragen, was du gesehen und erfahren hast. Es gibt so viele verlorene Seelen, die nur einen kleinen Anstoß brauchen, um aus ihren Käfigen zu entfliehen und die Grenze zu überwinden, hinter der sie endlich frei sind. Du hast die Pflicht und Schuldigkeit, mit anderen zu teilen, was du gefühlt hast, denn früher oder später wirst du wie alle anderen auch nur noch eine Erinnerung sein, während die Wahrheit ewig besteht. Wir können nur hoffen, dass unsere Worte ein paar armen Seelen helfen. Der Rest kommt dann von selbst, glaub mir.«

»Ich würde dir gern danken, Santiago«, sagte der Träumer, »aber ich habe dir versprochen, es nicht zu tun. Jetzt habe ich begriffen, warum ich mein früheres Leben hinter mir lassen musste, um diese Gefühle zu erleben. Vielleicht ist es an der Zeit, zurückzugehen und mich den Problemen zu stellen. Nun wird es leichter sein, denn ich habe endlich einen Rückzugsort, an den ich immer zurückkehren kann.«

»Versprich mir nur eins, Träumer: dass du niemals verrätst, wo dieser Ort liegt.«

»Warum?«

»Ich möchte nicht, dass andere kommen. Das

»Ein Ort, an dem alles möglich ist. Alles«

»Denn wie es so treffend heißt: Bilder sagen mehr als tausend Worte…«

»Beide blickten schweigend in die leuchtend blauen Wellen, bis sie einschliefen.«

»Bedächtig steuerte er also seinen Jeep auf diesen Ort zu, von dem er wusste, dass er existierte, obwohl er ihn noch nie zuvor gesehen hatte.«

»Erst dann merkt ihr, dass ihr eine Quelle der Liebe geschaffen habt, ein Haus aus Licht, in dem weit mehr als materielle Besitztümer Platz finden, nämlich das ganze Universum, das es umgibt.«

»Vom Ufer aus sah er zum ersten Mal sein leuchtendes Heim bei Nacht. Er wusste, dass er alles richtig gemacht hatte und seine Arbeit erledigt war.«

»Er zog seine Flossen an und schwamm zum Ruheplatz der Riesen.«

»Fünfzig Meter vom Haus entfernt lag das weite Meer. Ein stiller Zeuge der Wunder, die sich in diesem Haus aus Licht zutragen würden.«

»Der einfache Fischer lebte sein ruhiges, bescheidenes Leben in völliger Harmonie mit seiner Umwelt, er achtete selbst das kleinste Insekt, das auf diesem Land lebte.«

»Der Tod ist lediglich der Beginn eines neuen Abenteuers, das wahrscheinlich besser und schöner ist als das Leben selbst.«

»Bewahre dir tief im Herzen immer deinen Traum, denn was du nicht anfassen kannst, kannst du auch nicht zerstören.«

»Eidechsen und Geckos in allen Farben und Größen sowie bunte Vögel bewegten sich frei um das Haus aus Licht und um den Träumer herum.«

»Und so trat ein verspielter, wilder Fuchs namens Cheekee in das Leben des Träumers.«

»Der Fuchs sah so friedlich aus, ganz im Einklang mit seiner wilden Umgebung.«

»Für sich selbst konnte er sich keinen schöneren Moment vorstellen.«

»Weil es schön ist und das ist alles, was ich wissen muss.«

»Finde den Rahmen und male deinen Traum mit den Farben der Natur und mit viel Liebe.«

müssen sie auch nicht, denn sie tragen das Geheimnis in ihren Herzen, das Geheimnis befindet sich nicht an dem Ort, an dem sie sich aufhalten. Sie müssen nicht kommen, sie können sich anderswo ihr eigenes Paradies schaffen. Zu schnell würde es sich herumsprechen, und viele würden von diesem Stückchen Paradies profitieren wollen. Die Gier würde hier Einzug halten, dieses unberührte Fleckchen Erde würde sich mit Hotels, Walbeobachtungstouren und Jachten fürs Hochseefischen füllen. Die Leute würden ihre Haustiere und ihre Klimaanlagen anschleppen. Sie würden die Natur ringsherum zerstören, aber es wäre ihnen völlig gleichgültig, solange ihre Brieftaschen nur ein bisschen dicker werden.«

»Vielleicht sind sie nicht bereit, es zu verstehen. Noch nicht.«

»Darin stimme ich dir zu, Träumer«, sagte Santiago. »Du und ich, wir beide kennen die Einsamkeit, das Unverständnis, den Schmerz und die Mühen, die es uns gekostet hat, den sicheren Käfig zu verlassen und in diesen sicheren Hafen hier zu gelangen. Und wir haben auch gelernt, dass es keine Abkürzungen oder Tricks gibt, um die schweren Zeiten der langen Reise zu umgehen, die wir freiwillig auf uns genommen haben. Aber wir wissen auch, dass sich all die Mühe lohnt.«

Santiago erhob sich, Cheekee sprang auf seinen Arm und wedelte mit dem Schwanz.

»Er liebt dich wirklich«, sagte der Träumer.

»Ich liebe ihn sogar noch mehr«, sagte Santiago. »Er hat mir beigebracht, wie wunderbar es ist, in Bescheidenheit zu leben und dem Wind meines Lebens zu folgen. Er hat mich gelehrt, die Tiere und die Pflanzen, die Berge und das Meer mit ganz anderen Augen zu sehen und die gesamte Schöpfung zu respektieren. Er hat mir beigebracht, mit allen Lebewesen, ja auch mit Bäumen und Bergen zu kommunizieren und dem Leben für diese neue Möglichkeit der Verständigung zu danken. Er hat mir sogar gesagt, dass eines Tages ein Fremder kommen würde und wir ihn bei uns aufnehmen sollten, denn wenn dieser Mensch den Mut hat, hierherzukommen, dann wird er dafür auch einen Grund haben: zu lernen.«

Der Träumer blieb noch eine Weile im feuchten Sand sitzen. Mehr hätte Santiago ihn nicht verblüffen können. Der einfache Fischer lebte sein ruhiges, bescheidenes Leben in völliger Harmonie mit seiner Umwelt, er achtete selbst das kleinste Insekt, das auf diesem Land lebte. Er wusste, dass Zeit sein größter Schatz war und er diese Welt irgendwann verlassen musste, dass aber seine Taten der Liebe ewig bestehen würden. Er hatte gelernt, achtzugeben, er hatte alle bösen Gedanken aus seinem Geist und aus seiner Seele verbannt und alles vergessen, was man ihm einmal beigebracht hatte. Er hatte seinen Kopf frei gemacht und noch einmal von vorne angefangen wie ein neugeborenes Kind. Umgeben von all den Wundern, die ihm halfen, ein Teil des großen Ganzen zu werden. Keine Eile, keine Luxuskäfige, keine Telefone, keine Bankkonten. Nur ein kleines Fischerboot, das ihn ernährt, und ein kleines Heim, in das er sich zurückziehen kann. Und fast unendlich viel Zeit für all die Dinge, die er liebt und die er gern tut. Santiago war bereits an diesem Ort gewesen, als sich der Träumer noch abgemüht hatte, ihn zu erreichen, und er hatte auf jemanden wie den Träumer gewartet, um mit ihm diesen Ort der Erkenntnisse zu teilen.

»Es gibt eine ganze Welt voller winziger Wunder, die erst dann zum Leben erwachen, wenn man seinen Geist dafür öffnet«, sagte Santiago. »Manchmal fliegen sie unbemerkt um dich herum, während du immer weiterrennst. Aber von hier aus kann ich jetzt, dank der Reinheit in meinem Kopf und meinem Herzen, erkennen, dass es eine Parallelwelt gibt: die reale Welt, von der wir gar nichts wissen sollen, die Welt mit einem wahren Sinn, die Welt, von der Kinder träumen, zu der sie aber keinen Zugang bekommen, eine Welt ohne Krieg, Korruption, Konkurrenzdenken, Gier und vielem mehr. Ich sehe diese Welt in den Dingen um mich herum, in den Geschöpfen der Natur, in den Lektionen, die sie mich lehren, und in all dem, was ich in ihrem Beisein empfinde.

Diese Welt existiert, und ich bin genau jetzt ein Teil davon. ›Utopia‹ ist ein weiteres Wort, das ich aus dem Wortschatz streichen muss, denn meiner Auffassung nach, ist Friede universell. Der Fluss und der Rhythmus des Lebens sind hier in diesem Winkel der Welt so natürlich. Wir können wirklich überall eine bessere Welt schaffen, solange wir nur vollkommen ehrlich zueinander sind und auch dem Achtung entgegenbringen, mit dem wir nicht einverstanden sind.

Ja, das ist möglich.«

Der Träumer legte Santiago sanft die Hand auf die Schulter.

»Oh, Santiago! Was für weise Worte tauchen aus dem tiefsten Inneren deines Herzens auf, was für schöne Gedanken und Hoffnungen. Vielleicht können wir die ganze Welt verändern, indem wir hier an diesem kleinen Ort damit beginnen. Und auf meinen Reisen habe ich erlebt, dass auch andere Menschen in anderen Teilen der Welt etwas unternehmen.«

»Gut zu wissen«, sagte Santiago.

X

Die Freundschaft zwischen Cheekee, Santiago und dem Träumer wurde mit den Monaten und den wechselnden Jahreszeiten immer enger. Durch Cheekees Augen konnten Santiago und der Träumer die Wahrheit der Welt erkennen, in der sie lebten. Es war eine Freude, das Tier kommen und mit seinem buschigen Schwanz wedeln zu sehen. Die kleinen Beine und Pfoten waren an den trockenen, heißen Sand gewöhnt. Der Fuchs sah so friedlich aus, ganz im Einklang mit seiner wilden Umgebung.

Er besuchte den Träumer immer öfter, nicht wegen des Wassers oder Futters, sondern aus wahrer Freundschaft. Er war wild, er jagte Eidechsen und Insekten und trank Wasser aus Pflanzen. Diese echte, außergewöhnliche Bindung zu einem Wildtier veränderte das Leben des Träumers. Beide liebten die leuchtenden Sonnenuntergänge, die den Übergang vom Tag zur Nacht ankündigten. Eines Abends beobachteten sie eine kleine

Woge, die an das Riff vor dem Heim des Träumers brandete.

»Das ist schön«, sagte Cheekee.

»Was?«, fragte der Träumer.

»Die Farbe der Wellen, wenn sie sich an den Felsen brechen. Sieh doch!«, sagte er.

Der Träumer konnte es nicht glauben. Man konnte die Brandung nachts immer hören, aber sehen konnte man sie nur bei Vollmond. An jenem Abend jedoch war sie durchscheinend und leuchtend blau. Immer wenn eine brechende Welle ans Riff schlug, erstrahlte sie in blauem Licht, als würde sie phosphoreszieren.

»Das kommt manchmal vor, aber es dauert nie lange an.« Cheekee drehte sich zum Träumer um. »Weißt du, warum?«

Der Träumer blickte seinen kleinen Freund an, dann konzentrierte er sich wieder auf die blauen, manchmal violetten, dann wieder grünen Wellen. Er wusste, dass dieses »Feuer« im Wasser von einer bestimmten Planktonart hervorgebracht wurde. Bei einem Wechsel der Strömung wurde in ihnen Energie freigesetzt, die, ähnlich wie bei Glühwürmchen, Licht erzeugte. Er lächelte.

»Nein«, sagte er, »ich weiß nicht, warum es so ist.«

»Besser so«, meinte Cheekee. »ich denke, ich wäre traurig, wenn ich wüsste, warum das geschieht.«

»Wieso das?«, fragte der Träumer.

»Weil es schön ist und das ist alles, was ich wissen muss.«

Das Herz des Träumers hatte eine Lektion gelernt, die es nie wieder vergessen würde.

»Danke, mein Freund!«

»Wofür?«, fragte Cheekee.

»Dafür, dass du die schönen Momente des Lebens mit mir teilst, ohne dass man Worte der Erklärung dafür braucht.«

»Ich liebe dich, Träumer«, sagte Cheekee. Er saß neben seinem Freund und drückte sich enger an ihn. Beide blickten schweigend in die leuchtend blauen Wellen, bis sie einschliefen.

XI

Nach einem wundervollen Ritt auf den Wellen duschte der Träumer kalt, rasierte sich und ging nackt zum Strand.

Er setzte sich in den Sand und dachte an die fernen Zeiten zurück, als er ein weithin bewunderter und angesehener Geschäftsführer einer weltweit renommierten Firma gewesen war. Er fing an, sein altes Leben zu analysieren. Jeder Morgen lief gleich ab: früh aufstehen, warm duschen, abtrocknen, den begehbaren Schrank betreten und unter Dutzenden langärmeliger weißer Hemden eines wählen, dazu einen passenden Anzug, dann eine große Schublade mit zig Krawatten und eine weitere mit Unterwäsche und Socken aufziehen. Dann ging er zu dem anderen begehbaren Schrank, wo er seine Schuhe aufbewahrte. Er kämmte sich und band die goldene Rolex, die er zu seiner Ernennung zum Generaldirektor geschenkt bekommen hatte, um sein rechtes Handgelenk.

Die Tür seines Schuhschranks war ein einziger

großer Spiegel. Aus diesem Spiegel starrte ihn sein Spiegelbild jeden einzelnen Morgen seines Lebens an. Der Träumer fing an, es zu hassen und versuchte, nicht hineinzusehen. Aber der Spiegel war da und präsentierte ihm sein Konterfei. Er wollte nicht sehen, was aus ihm geworden war. Er erinnerte sich an die Worte, die ein sehr weiser Mann einmal zu ihm gesagt hatte:

»Wenn du eines Tages alt bist, wirst du noch ein letztes Mal in den Spiegel blicken müssen, und an diesem Tag wirst du nicht deine körperliche Erscheinung sehen, sondern die Quintessenz dessen, was du aus deinem Leben gemacht hast. Dieser Moment wird entweder der glücklichste oder der traurigste deines Lebens sein.«

Er hatte recht!, dachte der Träumer. Wir verstecken uns unter Kleidung, Make-up und hinter allen möglichen Kinkerlitzchen. Und nun sitze ich hier nackt am Strand wie jedes Lebewesen, das nichts zu verbergen hat, denn es spielt keine Rolle, wie man aussieht.

Die Tage der Armani-Anzüge und Rolex-Uhren fühlten sich an wie ein lange vergangener Albtraum, wie etwas, das schnell vergessen wurde, weil es nie wirklich wichtig gewesen war.

Der Träumer trat aus dem Schatten und ging ins Wasser. Es war angenehm warm, weder zu heiß noch zu kalt. Er hatte das Gefühl, seine Seele zu erfrischen und sich ein letztes Mal von dem Leben zu verabschieden, das er nach den Regeln der Gesellschaft gelebt hatte. Sogar »Gesellschaft« war ein Wort, an das er sich kaum mehr erinnern konnte. Er musste nicht länger mit anderen konkurrieren, nur mit sich selbst.

Der Träumer stieg wieder aus dem Wasser und ließ eine weitere schwere Last aus seinem vorigen Leben zurück. Keine Reue!, dachte er. Die Vergangenheit ist vergangen.

»Schon wieder in Gedanken?«

»Hallo, Santiago«, sagte der Träumer.

Cheekee ging neben Santiago her und wedelte als natürlicher Ausdruck seiner Freude mit dem Schwanz. Er trug ein Stück Holz im Maul, das vom Meer an den Strand gespült worden war, er spielte damit und freute sich daran. Es war einfach ein Stück morsches Holz, aber für Cheekee war es wohl der kostbarste Schatz, den er haben konnte. Er stieß mit seinen kleinen Pfoten dagegen, sprang darauf und hielt es fest. Dann leckte er an dem alten Holzstück, um an die Insekten zu kommen, die darin lebten, und fraß sie schließlich.

Es wirkte alles so natürlich, so richtig.

Der Träumer hatte sich abgetrocknet und saß nun unter dem Sonnendach, das er am Strand gebaut hatte. Santiago und Cheekee setzten sich zu ihm.

»Wie alt bist du, Santiago?«

»Ich weiß es nicht, Träumer«, gab Santiago zurück. »Ich genieße einfach jeden einzelnen Tag.«

Der Träumer wusste, dass er die Frage anders stellen musste.

»Wann hast du diesen magischen Ort entdeckt?«

»Vor Langem, Träumer, vor Langem.«

»Und fühlst du dich je einsam?«

»Wie meinst du das?«

»Ich meine, dein Kontakt zu anderen Menschen ist minimal. Fehlen sie dir?«

Santiago lächelte und sah Cheekee beim Spielen zu.

»Wie kann ich mich einsam fühlen, wenn ich alles habe, was ich immer wollte? Um ehrlich zu sein, ich war einsam, als ich in der Stadt gelebt habe. Genau wie du. Ich habe mich gefühlt wie in einem Käfig und konnte nur so leben wie alle anderen. Daran ist nichts falsch«, sagte er, »aber was ist, wenn dein Herz dich bittet, den Käfig zu verlassen und der zu sein, der du immer sein wolltest?«

»Ich verstehe das vollauf«, sagte der Träumer.

»Wie kann ich mich einsam fühlen, wenn ich wie ein Baby zur Musik der Grillen und der Brandung schlafe und jeden Morgen im natürlichen Licht des neuen Tages erwache? Wie kann ich mich einsam fühlen, wenn ich noch nicht alle Geschöpfe kennengelernt habe, die mit mir an diesem abgelegenen Strand leben? Ich stehe auf und koche Kaffee, und wenn ich auf die Veranda gehe, singen schon die Vögel. Kurz darauf kommt dann Cheekee, immer wedelt er mit dem Schwanz, immer ist er glücklich. Und dann habe ich den ganzen Tag vor mir. Soll ich fischen gehen? Soll ich meditieren? Ich könnte mit den Walen schwimmen, wenn es die richtige Jahreszeit dafür ist. Und wenn ich menschliche Gesellschaft brauche, muss ich nur fünfzehn Kilometer fahren, um einen Menschen zu finden, der sich auch eher für das Sein entschlossen hat als für das Haben. Keiner ist arm, keiner ist reich, finanziell gesehen. Aber es sind mithin die besten Freunde, die ich je hatte: Menschen mit Prinzipien.«

»Und was ist mit der Liebe?«, fragte der Träumer.

»Ich habe mich immer mal wieder verliebt, aber mir ist klar geworden, dass alles unerheblich ist, wenn man seine Seelenverwandte gefunden hat. Sie ist vor einigen Jahren gestorben. Sie fehlt mir, aber ich bin froh, dass wir uns überhaupt gefunden hatten. In unserer gemeinsamen Zeit haben wir zusammen mehr als hundert Leben in einem gelebt.«

»Sei nicht traurig, weil es zu Ende ist. Sei immer glücklich, weil du es hattest«, sagte der Träumer.

»Genau.«

»Hast du Kinder?«

»Zwei«, sagte Santiago. »Beide sind wundervolle Menschen, die ihre Flügel ausgebreitet haben und ihrem eigenen Schicksal entgegengeflogen sind. Wir sehen uns hin und wieder, ansonsten telefonieren wir oder skypen.«

Cheekee hörte still zu.

Handy, Internet, Computer … Endlich hatte der Träumer einen Mann gefunden, der diese praktischen Hilfsmittel nutzte, um sich das Leben leichter und nicht komplizierter zu machen. Um Menschen einander näher zu bringen, und nicht, um die Entfernung zwischen ihnen zu vergrößern. Der Träumer begriff nun, warum die Entscheidung, die er in einem landenden Flugzeug getroffen hatte, sein ganzes Leben verändert hatte.

Einmal hatte er seine Follower auf Facebook gefragt, was das »i« in iPhone für sie bedeute. Die Antworten hatten ihn sehr überrascht. Eine Hälfte hatte geantwortet, dass das »i« für »ich« stehe, da ihr Handy ein sehr persönlicher Ort sei, an dem sie ihre Fotos, ihre Erinnerungen, Hunderte Apps und sogar Bücher aufbewahrten. Doch für die andere Hälfte stand das »i« für Isolation. Der Träumer gehörte zur zweiten Gruppe, auch wenn er jene respektierte, die anders dachten. Er zog es vor, seine Erinnerungen, Bücher und »Apps« dort aufzubewahren, wo sie nie verloren gehen konnten: in seinem Kopf und in seinem Herzen.

»Für mich ist der Herbst gekommen, Träumer«, sagte Santiago.

»Ist das schlecht?«

»Nein, überhaupt nicht. Es ist eine Zeit, um innezuhalten und sich für all die Lektionen zu bedanken, die man gelernt hat. Um Türen zu schließen und sich auf das zu konzentrieren, was man mit der Zeit, die einem noch verbleibt, wirklich anstellen will.«

Der Träumer blickte zum Horizont und sah dahinter in eine Welt der Erinnerungen.

»Ich habe Tausende wunderschöne Orte und Momente mit eigenen Augen gesehen«, fuhr Santiago fort und wandte sich vom Träumer ab und Cheekee zu, »und mit meinem Herzen. Ich habe gelernt. Einst war ich ein strahlender Sommer, ich habe mit großer Leidenschaft geliebt, doch am Ende habe ich festgestellt, dass eine wahre Liebe mehr als genug für ein ganzes Leben ist. Das Beste in diesem Leben, Freunde und Liebe, kann man nicht mit Geld kaufen. Nun entscheide ich über meine Zukunft. Ich werde nicht zulassen, dass meine Seele sich abnutzt. Wenn das eintritt, ist der Tag gekommen, an dem ich zu sterben beginne. Und weißt du, was noch?«

»Was?«

»Unter wahren Freunden ist das Alter eine bedeutungslose Erfindung.«

»Ich wünschte, ich könnte lernen, die Dinge mit deinen Augen zu sehen, Santiago«, sagte Cheekee.

Santiago lächelte.

»Das wird dich dein eigenes Leben lehren, Cheekee, sobald die Zeit reif ist – so wie ich vieles von dir lerne.«

»Was du sagst, ist sehr einleuchtend.«

»Finde die Liebe, damit du alles geben kannst, Cheekee, denn ohne tiefe Dankbarkeit kann es keine echte Freude geben. Und hab keine Angst vor dem Tod, denn das würde heißen, dass du auch Angst vor dem Leben hast.«

An diesem Abend knüpften zwei ganz unterschiedliche Wesen ein Band, wie es selbst Freunde nur selten tun. Wesen, die in verschiedene, aber parallele Welten hineingeboren worden waren, von Natur aus wild und frei von den Regeln, die eine Gesellschaft bestimmen, eine Gesellschaft, zu der sie nicht gehörten und die sie auch nicht verstanden.

Sie schwiegen, denn sie wussten, wie wichtig es war, die Augenblicke echter Erleuchtung, die das Leben uns ab und an schenkt, zu verarbeiten und zu verstehen, diese Momente, in denen der Körper sich zu klein anfühlt, um die Erkenntnisse zu erfassen, die uns das Universum schenkt.

»Unsere Welt ist schön«, sagte Cheekee.

»O ja, das ist sie«, gab der Träumer zurück. »Eine Welt ohne Vorurteile, Kriege, Neid und Gier. Es gibt nur wenige Orte wie diesen auf der Erde, Cheekee, also mach das Beste daraus. Viele Leute halten so etwas für unmöglich, aber in diesem kleinen Winkel der Welt ist das Mögliche entstanden. Mit einem starken Wind der Liebe und des Verständnisses könnte sich das auf der ganzen Erde ausbreiten.«

»Mutter Erde ist der Rahmen«, fügte Santiago hinzu, »und wir sind die Farben, die durch unsere Aktionen und Interaktionen das Bild malen. Wer weiß, wo wir es aufhängen, wenn das Ende kommt? Aber sicherlich werden wir es gern tun. Wenn wir es ein letztes Mal betrachten, werden wir darin Liebe sehen.«

Ein paar Eidechsen, eine schöne rote Krabbe, Sonne und Mond, die beiden hinreißenden gelben Vögel – alle waren auf eine der Schaukeln im kühlen Schatten gekrochen. Keiner von uns hatte ihr Kommen bemerkt.

Der Träumer sagte zu Sonne und Mond:

»Sorgt dafür, dass in eurer Seele keine Zärtlichkeit verbleibt, die ihr nicht verschenkt habt, wenn für euch die Zeit gekommen ist, aus dieser Welt zu gehen. Kein Lächeln, das ihr nicht gezeigt habt, kein Kuss, den ihr nicht gegeben habt. Kein liebes Wort, das ihr nicht gesagt habt, keine Hoffnung, der ihr nicht jenen gegenüber Ausdruck verliehen habt, die sie brauchten. Kein Traum, den ihr nicht wahr zu machen versucht habt. Leert eure Herzen von diesen Gefühlen, und hortet dort keine guten Absichten, sodass euer Herz bereit ist, sich zu erneuern und sich mit dem zu füllen, was kommen mag, wenn ihr auf die andere Seite des Stundenglases gelangt, das niemand zweimal durchschreiten kann. Auf diese Weise endet die Geschichte nie, nicht bis zum Ende aller Zeiten.«

XII

Die Zeit vergeht wie im Fluge, wenn man das Leben lebt, das man sich immer gewünscht hat. Der Träumer hat dieses Paradoxon immer gespürt, aber nie akzeptiert. Es ist nicht so, dass man nur meint, die Zeit verginge schneller – es ist wirklich so.

Cheekee blieb immer in der Nähe des Hauses aus Licht, aber er verlor seine Wildtierinstinkte nicht. Nachts ließ der Träumer die Haustür offen, dann kam Cheekee zuweilen leise die Treppe herauf in das offene Schlafzimmer, dessen Fenster direkt auf das weite Meer sahen. Der Fuchs schlief neben dem Bett, verschwand aber im Morgengrauen in seine Wildnis.

Dann begann die Regenzeit. Es regnete immer heftiger, vor allem nachts, wenn die starken Nordwinde aus dem Regenwald die Halbwüste erreichten, wo das Haus aus Licht stand. Innerhalb von ein paar Wochen hatten sich die Hügel in saftig grüne Gärten verwandelt. Der Träumer verbrachte herrliche Abende auf der Veranda und lauschte dem kühlen Regen, er fiel auf die trockenen Palmwedel, die den Träumer vor dem Wasser schützten. Mitunter ging er in das nachtschwarze, warme Wasser des Ozeans und ließ sich treiben, während er in den Himmel blickte und der prasselnde Regen sein Gesicht bedeckte. Angst war ein Wort, das nicht in seine Welt der Freiheit passte. Wenn ihm etwas zustoßen sollte, wäre das ein sehr viel besserer Abgang von dieser Welt, als an einem Herzinfarkt oder an zu hohen Cholesterinwerten zu sterben, bei einem Autounfall, an Zivilisationskrankheiten oder am Stress, der jene befiel, die im Land der Hochhäuser und Betonbauten lebten.

Er erinnerte sich an etwas, das er vor langer Zeit gelesen hatte:

Du selbst zu sein in einer Welt, die dich ständig anders haben will, ist die größte Errungenschaft.

Eines Abends ließ er sich lange im Meer treiben, während Regentropfen seine Seele reinwuschen. Als er wieder zum Ufer schwamm und festen Boden unter den Füßen hatte, setzte er sich hin. Es hatte aufgehört zu regnen, und der wunderbare Mond schimmerte im nassen Sand wie Gold.

Er sah immer noch aufs Meer hinaus, als er spürte, wie ein kleines Tier auf sein Bein krabbelte. Es war eine schöne rote Krabbe. Vorsichtig legte er seine Hand daneben. Die Krabbe zögerte, dann aber kletterte sie auf seine Handfläche.

»Du wirst mich doch nicht fressen, oder?«

Der Träumer lächelte.

»Natürlich nicht!«

»Es hat endlich aufgehört zu regnen«, sagte die Krabbe, »aber mein Heim ist noch voller Wasser. Ich schätze, ich muss ein Weilchen warten.«

Wieder lächelte der Träumer.

»Na, ich kann dir ja Gesellschaft leisten, bis dein Heim trocken ist.«

»Danke«, antwortete die Krabbe, die noch immer auf der Hand des Träumers saß. Dann fragte sie: »Wer bist du?«

»Ein Träumer.«

»Was genau ist das?«

»Schwierige Frage«, antwortete der Träumer. »Ich denke, ein Träumer ist jemand, der immer das Positive im Leben sieht, jemand, der immer tut, was er mag, der anderen hilft und deswegen ein Leben führt, das einen Sinn hat und wahres Glück bringt.«

»Gut so«, sagte die Krabbe. Sie krabbelte zu dem kleinen Loch, das ihr Heim war, und blickte hinein. »Ich muss wohl noch immer warten.« Dann setzte sie sich vor das Loch und wartete.

Unter dem goldenen Mond lernte der Träumer zwei Dinge: Wie wichtig es ist, Geduld zu haben und dass man manchmal warten muss, bis der

Sturm vorübergezogen ist und die Sonne wieder scheint.

Vor allem aber wurde ihm klar, dass das Heim der Krabbe nur ein Loch im Sand war. Das Tier hatte es sorgfältig ausgehöhlt, damit es tagsüber vor der gnadenlos brennenden Sonne und den hungrigen Möwen in Sicherheit war. Nachts suchte sich die kleine rote Krabbe zwischen den Felsen am Strand Futter. Sie brauchte kein Bett, sie brauchte kein Auto, um zu ihrer Nahrungsquelle zu gelangen, sie würde sich niemals mit Steuern, Möbeln, Fernsehgeräten oder iPhones beschäftigen müssen. Sie verglich sich nicht mit anderen Krabben, obwohl der Strand ein roter Teppich aus wuselnden Krabben war, wie der Träumer nun sah, nachdem seine Augen sich an die Dunkelheit gewöhnt hatten.

Sie sahen aus wie rote Blumen. Kein einziges Tier war in Eile. Kurz hatte der Träumer den Eindruck, als würden sie ihn fragend anstarren, und ihre Frage war: Warum?

Der Träumer vergoss ein paar Tränen, und in diesem Augenblick, ganz allein mit sich selbst, begriff er, wie viel Zeit er in seinem Leben damit vergeudet hatte, das Glück dort zu suchen, wo es nicht zu finden war. Er respektierte die anderen Menschen, die auf der Überholspur glücklich waren und die sich so kleideten, wie die derzeitige Mode es ihnen vorschrieb, Menschen, die die neusten technischen Geräte benutzten, die ihnen die Wissenschaft in die Hand gegeben hatte, um ihnen das Leben leichter zu machen. Aber er begriff auch, dass wahres Glück letztendlich im Auge des Betrachters liegt. Für sich selbst konnte er sich keinen schöneren Moment vorstellen als den, den er nun erlebte, indem er mit einer kleinen roten Krabbe sprach.

Ich hätte besser hinschauen und mehr auf das hören sollen, was die Natur zu bieten hat und was wir von ihr lernen können, anstatt wie eine verlorene Seele anderen nachzujagen!, dachte er.

Da erinnerte er sich vage, in den Nachrichten gehört zu haben, dass das iPhone 6 auf den Markt komme. Es war schockierend zu sehen, wie überall auf der Welt Leute vor Geschäften und Einkaufszentren kampierten, damit sie tags darauf ein neues iPhone erstehen und zu ihren Freunden sagen könnten:

»Ich habe das iPhone 6!«

Sollte der Träumer nun hektisch zu der kleinen roten Krabbe rennen und ihr sagen, dass sie jetzt ein iPhone 6 haben könnte? Er lächelte.

»Ich werde dein Leben nicht ruinieren, kleine Krabbe. Du hast deinen Weg schon vor Langem gefunden. Glücklicher, als du jetzt bist, kannst du nicht sein.«

Der Träumer stand auf, dankte der Natur für die Lektion, die er gelernt hatte, und ging zurück in sein Haus aus Licht. Obwohl er ganz einfach lebte, in einem schlichten Haus aus Holz und Bambus und mit nur wenigen materiellen Dingen, hatte er kurz das Gefühl, dass sein Gepäck noch immer zu schwer sei und dass es noch eine andere Straße gebe, der er folgen müsse, um für den Rest seines Lebens wirklich frei zu sein. Tief in seinem Herzen wusste er, dass er auf dem Weg in das Leben war, für das er bestimmt war. Mit Geduld und mit der Zeit würde er sein Ziel erreichen.

Man muss nicht dazusagen, dass sich der Träumer von dem Gepäck, das er sein Leben lang leichter zu machen versucht hatte, frei machen würde, lange bevor er diese Welt verlassen müsste.

XIII

Dem Träumer fiel auf, dass Cheekee oft aus dem Nichts auftauchte und sich zu ihm setzte, wenn er melancholisch war.

»Was stimmt mit dir nicht, Träumer?«, fragte Cheekee einmal bei so einer Gelegenheit.

»Nichts. Ich blicke nur in die Sterne.«

Cheekee folgte seinem Blick.

»Es sind so viele«, sagte er und zuckte mit dem pelzigen Schwanz.

»Ja, allerdings«, sagte der Träumer. »Ich habe gelesen, dass jeden Tag eine halbe Million Sterne sterben und eine halbe Million neu entstehen.«

»Wie viele Sterne sind das?«, fragte Cheekee.

»Eine ganze Menge.«

Cheekee legte sich auf den Rücken und bettete seinen Kopf auf den Schoß des Träumers.

»Träumer?«

»Ja, mein Freund?«

»Werde ich auch eines Tages sterben wie die Sterne?«

»Ich würde gern sagen: nein, aber wahrscheinlich wirst du sterben müssen.«

»Und du? Musst auch du irgendwann sterben?«, fragte Cheekee.

»Höchstwahrscheinlich schon.«

»Warum müssen wir sterben, wenn das Leben doch so schön ist?«

»In der Welt, aus der ich komme, sagte einmal ein sehr kluger und einfacher Mann, dass Sterben die tollste Erfindung des Universums sei, denn es schafft Raum für neue Gedanken und Energien. Dieser Mann, Steve Jobs, hat unsere Kommunikation revolutioniert. Ich habe ihn immer bewundert, auch wenn ich seine Ansichten nicht teile.«

»Warum nicht?«

»Weil ich mit jedem vergangenen Tag mehr davon überzeugt bin, dass es unmöglich ist, in einem einzigen Leben all die tollen Schätze zu entdecken, die unsere Erde und das Universum bereithalten. Ich danke dem Leben, weil ich das Gefühl habe, hundert Leben in einem einzigen Leben gelebt zu haben. Aber weißt du, Cheekee, ich würde liebend gern ewig leben.«

»Dennoch müssen wir irgendwann sterben.«

»Ja, das ist wohl so. Ich habe die Regeln nicht gemacht, mein Freund. Das Beste, was ich tun kann, ist, mein Leben in vollen Zügen auszukosten.«

Der Träumer sah Cheekee an und kraulte sein schönes Fell.

»Soll ich dir etwas sagen, Cheekee?«

»Was denn, Träumer?«

»Je länger du lebst, desto mehr Dinge probierst du aus, um wirklich sicher zu sein, was du aus deinem Leben machen willst. Die Fehler, die du gemacht hast, stehen dir klar vor Augen, und die Gedanken, die dir einst den Schlaf geraubt haben, lösen sich auf, wenn dir bewusst wird, dass Liebe in dir wächst. Eine Liebe, die so groß ist, dass du sie nicht in deinem Herzen halten kannst. Eines Tages wirst du endlich keine Angst mehr vor dem Tod haben, denn etwas, was du nicht berühren und auch nicht sehen kannst, sondern nur fühlen, wird dir sagen, dass die Reise deiner Seele nicht an jenem Tag endet, an dem du deinen alternden Körper verlässt. Der Tod ist lediglich der Beginn eines neuen Abenteuers, das wahrscheinlich besser und schöner ist als das Leben selbst.«

XIV

Die Regenzeit ging schließlich vorüber. Wie alles im Leben.

Die üppigen grünen Hügel wurden wieder braun, und das hohe Gras welkte jeden Tag mehr. Nur die robustesten Bäume behielten ihre Blätter und überlebten bis zum nächsten Regen.

Selbst die tristeste Jahreszeit war für den Träumer eine Gelegenheit zu erkunden, was ihn umgab.

Anfangs sah er sie nur hin und wieder in der Ferne. Doch nach ein paar Wochen waren die sanften Riesen, die aus den kalten Gewässern der südlichen Hemisphäre hergeschwommen waren, endgültig angekommen. Und mit ihnen zusammen kamen die Großen Tümmler.

Es war die Zeit der Windstille, es gab keine starke Brandung. An manch einem Morgen sah das Meer aus wie ein glatter See. Das Wasser wurde leuchtend grün, wenn die Sonne hinter den Hügeln aufging.

Die Wale kamen immer näher ans Ufer, an dem sie für ihre Kälber Schutz vor Raubfischen suchten. Internationale Organisationen hatten jahrelang gegen das Abschlachten dieser wundervollen Geschöpfe gekämpft, und die Spezies hatte überlebt. Die Bestände waren wieder beträchtlich angewachsen, man konnte sie überall sehen.

Das war einer der magischen Momente, auf die der Träumer so gespannt gewartet hatte. Drei Monate lang konnte er sich nun an der Gesellschaft der größten Tiere erfreuen, die es je auf Erden gegeben hat. Er zog seine Flossen an und schwamm zum Ruheplatz der Riesen.

Die Erfahrung, mit einem Buckelwal zu schwimmen, kann das tollste und unvergesslichste Geschenk des Lebens sein. Die Nähe zu diesen außergewöhnlichen 45-Tonnen-Tieren bringt selbst den mutigsten Taucher zum Zittern. Wenn man unsicher ist und Angst hat vor der eigenen Furcht, sollte man es besser sein lassen. Man muss genau wissen, was man tut, und auf die Signale achten, die die Wale aussenden, ansonsten kann diese Begegnung tödlich ausgehen.

Die sanften Wale wollen dir nichts tun, aber man muss sich an gewisse Regeln halten. Du darfst dich dem Tier nie weiter als bis auf fünfzig Meter nähern. Wenn der Wal wiederholt mit der Fluke schlägt, solltest du umdrehen und ans Ufer zurückschwimmen. Der Wal ist dann wahrscheinlich mit seinem Jungen beschäftigt und will nicht gestört werden. Passiert jedoch nichts, kannst du dich entspannen, dich treiben lassen und den Walgesang anstimmen. Wenn die Walkuh mit ihrem eigenen Gesang antwortet, ist es ein gutes Zeichen. Du solltest weitersingen, den Tieren aber nicht zu nahe kommen – sie kommen zu dir.

Dann siehst du, wie die Meeresoberfläche im wahrsten Sinne des Wortes bebt – so wie dein Körper. Die Gesänge werden immer lauter. Das ist deine letzte Chance, die Flucht zu ergreifen, wenn du Panik bekommst. Denk immer dran: Die Panik bringt dich um, nicht der Wal. Wenn du aber bleiben willst, schließe die Augen und wirf deine Angst über Bord. Entspanne dich im Wasser. Wenn du es am wenigsten erwartest, kommt der Wal dann zu dir, du siehst einen Teil seines Körpers und die Finne. Der Wal ist so riesig, dass du nicht weißt, wo er anfängt und wo er aufhört. Lass ihn um dich herumschwimmen, berühre ihn aber nie. Er spürt, was auch du spürst, und er weiß, dass du ihn als Freund betrachtest. Bewege dich grundsätzlich ganz langsam und schwimme immer mit dem Wal. So kann eine außergewöhnliche Beziehung entstehen, und vielleicht kommt der Moment, da der Wal endlich den Kopf hebt und dich mit seinem großen, erhabenen Auge anblickt.

Der sanfte Riese und das Kalb schwammen am Träumer vorbei und tauchten fünf Minuten ab, dann kamen sie wieder an die Oberfläche. Der Träumer hätte sie berühren können, aber er tat es nicht. Er war zweitausend Meter vom Ufer entfernt, kein Mensch war in seiner Nähe, obwohl am Strand Leute waren. Da war kein Boot, kein Rettungsdienst, er hatte im tiefen Meer nur seine Flossen, seine Schnorchelmaske und ein starkes Herz, das zu allem bereit war.

Schließlich schwamm die Walkuh auf ihn zu und war keinen Meter mehr von ihm entfernt.

»Hallo, meine Freundin!«, sagte der Träumer.

»Hallo. Was tust du hier?«

»Ich wollte einem so sanften Geschöpf wie dir nahe sein und vielleicht auch ein, zwei Dinge von deinem weisen Herzen lernen. Weißt du, ich bin ein Träumer.«

»Das musst du nicht betonen. Ich habe dein kleines Herz schon nahe bei meinem gespürt, und wir sind vom selben Schlag.«

»Danke.«

»Ich muss mich bei dir bedanken«, sagte der Wal. »Du bist einer von denen, die uns auf der ganzen Welt verteidigen, nicht wahr?«

»Ja.«

Dann hörte er eine leisere Stimme.

»Danke, dass du mir zu meinem Leben verholfen hast.«

Es war das Kalb, fünfzehn Meter lang, aber noch immer viel kleiner als die Mutter.

Wieder verspürte der Träumer einen Moment der Erleuchtung im Herzen, und er tat, was er nie zuvor getan hatte.

»Darf ich dich berühren?«, fragte er das Kalb.

»Mama?«

»Na, mach schon, Träumer.«

Er zog seinen Handschuh aus und legte seine Hand vorsichtig auf den Körper des kleinen Wals. Er schloss die Augen, während sich auf einmal das ganze Universum in seinem Herzen öffnete. Und mitten in diesem Universum konnte er seine geliebte Mutter lächeln sehen. Der Träumer spürte, dass sich seine Mutter, die vor vielen Jahren gestorben war, ganz in seiner Nähe befand, und indem er den Wal berührte, konnte er auch sie berühren.

»Du fehlst mir, Mama«, sagte er.

»Ich weiß«, sagte sie. »Mir geht es gut. Ich bin so stolz auf dich. Du hast deine Träume gelebt und Grenzen gesprengt wie nur wenige andere. Mach dir keine Sorgen, eines Tages werden wir wieder zusammen sein, es dauert nun nicht mehr lange. Aber jetzt musst du dich um deinen eigenen Sohn kümmern.«

»Kann ich eine Weile bleiben?«, fragte der Träumer.

»So lange du willst«, antwortete die Walmutter.

Der Träumer schwamm zu ihr, schmiegte sich

an ihre linke Vorderflosse und schloss die Augen. Ihm war, als würde er wieder in den Armen seiner Mutter schlummern.

Gleich darauf war er mit einem Lächeln im Gesicht eingeschlafen.

XV

Träumer? Träumer!«

Der Träumer wachte auf. Er lag am Strand, sein Gesicht war völlig von der Sonne verbrannt, nun war er im Schatten.

»Santiago? Bist du es, Santiago?«

»Ja, mein Freund, ich bin hier.«

»Was ist passiert? Habe ich geträumt?«

»Nein«, sagte Santiago lächelnd. »Es ist wirklich geschehen.« Er nahm eine gekühlte Kokosnuss. »Trink langsam, Freund.«

Der erschöpfte Träumer setzte sich auf und trank das kalte Kokoswasser. Er spritzte sich auch etwas davon ins Gesicht.

Schon bald ging es ihm besser.

»Du musst dich ausruhen, mein Freund«, sagte Santiago. »Ich kümmere mich um dich, ich bringe dich nach Hause. Leg deinen Arm um meine Schulter.«

Santiago brachte den Träumer in das Haus aus Licht. Behutsam legte er ihn ins Bett und deckte ihn zu. Der Träumer zeigte die ersten Anzeichen von Unterkühlung. Santiago legte ihm ein kaltes, feuchtes Tuch auf die Stirn, und kurz bevor der Träumer wieder das Bewusstsein verlor, hörte er Santiagos Stimme:

»Danke, Bruder. Danke, dass ich Zeuge eines Ereignisses sein durfte, das ich mir nie hätte vorstellen können!«

Erst nach einigen Tagen kam der Träumer wieder zu Kräften. Sein verbranntes Gesicht begann zu heilen, er fand neue Energie, und wieder waren Santiago und Cheekee an seiner Seite wie auch Sonne und Mond.

Er hatte viel Zeit, darüber nachzudenken, was an jenem Tag geschehen war, als er endlich einem Wal begegnet war. Tief in seinem Inneren wusste er, dass es an der Zeit war, eine Weile zu verschwinden und damit aufzuhören, die Erfahrungen und die Orte zu beschreiben, die er in den letzten zwei Jahren erlebt und besucht hatte, die Gefühle und Empfindungen, die er mit jenen teilen wollte, die bereit waren, ihm zuzuhören.

Mit offenen Augen und mit Cheekee an seiner Seite zog er sich mitten in der Nacht aus und ging zum Meer. Das warme Wasser liebkoste seine Haut, er ließ sich treiben und blickte in den Vollmond. Er tauchte unter, um die schönen Gesänge der Buckelwale zu hören.

Sein Leben war so schnell vergangen wie ein Blitz. Er hatte immer gewusst, dass dies der Preis für ein gut gelebtes Leben war. Er dachte zurück an seine Kindheit an den Küsten eines fernen Landes und an die Furchtlosigkeit, mit der er damals gelebt hatte, er dachte an den ersten Sommer der Liebe, der ihn zu den Sternen und wieder zurück katapultiert hatte, an seine Freunde, mit denen er das Soulsurfen entdeckt und wahre Freundschaft erlebt hatte, indem er wenig erwartet und viel mehr bekommen hatte, als er erhofft hatte. Er erinnerte sich an die Delfine und an die Musik aus allen Teilen der Welt, die ihn immer auf seinen Entdeckungsreisen begleitet hatten. Seine treue Gitarre und seine Surfbretter hatten ihm Möglichkeiten eröffnet, die nur wenige Menschen verstehen: Momente des Alleinseins mit dem Meer seiner Träume. Zwischen Wasserwänden dahinzugleiten, manchmal ganz allein, denn um die Einsamkeit zu bannen, war er sich selbst genug.

Nie würde er den Tag vergessen, als er begonnen hatte, sich nach den Regeln einer Gesellschaft zu richten, zu der er nie gehört hatte, wie er später feststellte. Diese Gesellschaft hatte ihm weisgemacht, dass er mit Geld, Ruhm und Reichtum seine Träume verwirklichen könnte und dass dieses Spiel Bestechung hieß und gebilligt wurde, solange es im Verborgenen gespielt wurde. Er hatte nach diesen Grundsätzen gelebt, doch als er den Gipfel bezwungen hatte, war er in das schwärzeste Loch seines Lebens gefallen – ein guter Zeitpunkt, um aufzuhören, um wieder aufzuleben und zu überleben. Dass er allein die ganze Welt bereist hatte, half ihm, die nutzlosen falschen Schätze loszuwerden, die er angehäuft hatte. Er reiste von den trockenen Küsten Afrikas bis zu den tosenden Stürmen, die den Nordwesten Europas peitschten. In dem Vorort Oz der schönen Stadt Sydney lebte er mit den wildesten Tieren, denen er je begegnet war, manchmal verschwand er zwei, drei Tage im Busch. Er reiste von den hohen Alpen zu den Tiefen der Südsee, von den Kulturen Asiens und den Monsterwellen vor Bali zu der sanften Brandung Südkaliforniens. Von der hawaiianischen Dünung zu den eisigen Küsten Lateinamerikas und in den Himalaja, wo er in einem Buddhistenkloster die Schlichtheit eines Lebens kennenlernte, das sich wahrlich zu leben lohnte. Erinnerungen an Wellen, Wüsten, Wälder, Wildnis, Schnee, Gletscher und Vulkane lebten in seinem offenen Herzen.

Als der Träumer nachts im weiten Ozean trieb, wusste er, dass er die ganze Welt gesehen hatte, ihre Wildnis und ihre Menschen, deren Überzeugungen und Religionen. Er verspürte einen Frieden, den nur diejenigen empfinden können, die den wahren Horizont gesehen haben und ihr eigenes Tempo vorgeben. Er hatte auf die Stimme seines Herzens gehört und die schönsten Momente erlebt, die er sich nur vorstellen konnte. Aus den Tragödien, die viele Menschen im Leben ertragen mussten, hatte er gelernt, was im Bereich seiner Möglichkeiten lag, er hatte aus Kriegen, Grausamkeit, fehlender Liebe für die Leidenden gelernt. Er war sich der Bedeutung der einfachen Dinge im Leben bewusst geworden und hatte erfahren, wie leicht man sich in der Welt verirren kann, wenn man mit dem Strom schwimmt und versucht, sich an ein verlogenes System anzupassen, in dem jeder nur an sich selbst denkt. Der Träumer hatte schließlich begriffen, dass Ideologien und Religionen nur heiße Luft waren. Alles ließ sich in zwei Sätzen zusammenfassen, die einer der weisesten Menschen auf der Welt, Jesus von Nazareth, einmal geäußert hatte:

»Liebt einander! Wie ich euch geliebt habe, so sollt auch ihr einander lieben«, sagte er zu seinen Jüngern. Und als er für eine Sünde gekreuzigt wurde, die er nicht begangen hatte, hatte er noch immer die Kraft und die Liebe, für seine Peiniger zu beten: »Vater, vergib ihnen, denn sie wissen nicht, was sie tun.« Die Kraft der Liebe und die Kraft der Vergebung – zwei Mittel, die uns zu einem Leben führen, das frei ist von Vorurteilen, Neid, Bitterkeit und von all den negativen Gefühlen gegenüber anderen, die das Leben so arm machen.

Als der Träumer in jener Nacht bei Vollmond im Meer schwamm, wurde ihm eines klar: Wenn die

Kriege zu Ende sind, wenn der Egoismus nachlässt und die Gier schwindet, wird jeder begreifen, dass ein Leben ohne Bedeutung nichts weiter ist als ein tägliches Sterben in einem Käfig. Der Augenblick, in dem die Menschheit endlich verstehen wird, dass wir dafür geschaffen sind, in Frieden zu leben und unsere kurze Zeit auf Erden zu genießen, indem wir das tun, was wir lieben, ist unschätzbar wertvoll. Alles geht zu Ende, auch unser Leben. Und der Träumer begriff, dass unsere Erinnerungen und unsere Träume auf ewig vom Wind getragen werden wie ein Lied, das man nicht zum Verklingen bringen kann, wenn unsere Zeit gekommen ist und wir diese Welt verlassen müssen. Positive Energie. Sie wird sich in allen Teilen der Welt ausbreiten. Am Ende wird die Liebe siegen, denn was wir nicht berühren können, können wir auch nicht zerstören.

Kurz bevor der Mond in der Nacht am Horizont unterging, wusste der Träumer, dass er endlich seine letzte Bürde abwerfen musste, das Gepäck, das er sein Leben lang mit sich herumgetragen hatte, und er fühlte sich leichter denn je.

Langsam kam der Träumer wieder aus dem Wasser. Cheekee war am Strand. Der Träumer nahm ihn in den Arm und betrachtete sein Heim. Das Licht, das aus den Fenstern schien, war sehr viel heller als das Licht, das hineinfiel. Er hatte keine Leichen im Keller, er hatte ja auch gar keinen Keller und keine Schränke, um sie zu verstecken, er besaß nur die Wahrheit und die Aufrichtigkeit eines bescheidenen Menschen, der gern träumte und der das Leben in guten wie auch in schlechten Zeiten liebte.

»Du hast es geschafft, Träumer«, sagte Cheekee. »Ich kann es in deinen Augen sehen und in meinem Herzen fühlen.«

»Ich wünsche mir nichts mehr, Cheekee. Alles, was noch kommen soll, wird dennoch ein weiteres Geschenk des Lebens sein.«

»Ich weiß, Träumer, ich weiß es ganz sicher.«

Nachwort

Vor zwei Jahren habe ich den Lärm der Großstadt gegen die Melodie der Natur eingetauscht.

Es wird für mich immer schwieriger, in die Stadt zurückzukehren. Ich liebe den Ort, an dem ich wohne. Doch am wichtigsten ist mir mein Sohn Daniel, der zu einer Persönlichkeit heranwächst. Wir verbringen wunderbare Momente sowohl in der Stadt als auch in der Natur. Gott, wie sehr ich ihn liebe!

Ich muss begreifen, dass die Technik auch vorteilhaft sein kann, je nachdem, wie man sie nutzt. Dieses neue Buch hätte ich ohne meinen kleinen Laptop nicht zustande gebracht, von korrekter Rechtschreibung ganz zu schweigen! Über den Laptop kann ich auch mit meinen Freunden kommunizieren, kann mit der ganzen Welt in Kontakt bleiben und mich über alles informieren. Ich habe auch ein Handy, benutze es jedoch nur selten.

Ich denke, wir Menschen sind ganz verschieden

und dennoch gleich. Wir leben unser Leben und versuchen hoffentlich, das Beste daraus zu machen. Es liegt in meinem Wesen, dass ich immer versucht habe, mein eigenes Schicksal zu erfüllen, anstatt anderen zu folgen. Vielleicht habe ich deshalb eines Tages in einem Flugzeug die Entscheidung getroffen, die mein Leben bereichert und mich an Orte geführt hat, die ich mir nie hätte träumen lassen und an denen ich auf ganz besondere Weise kommunizieren kann. Ich finde Technik gut, will aber nicht von ihr abhängig sein. Für mich ist sie einfach ein praktisches Mittel zum Zweck, das ich im Lauf meines Lebens immer genutzt habe. Es liegt an mir zu verhindern, dass ich ein Roboter werde, ich will immer langsam gehen und mein eigenes Tempo bestimmen. Ich möchte Freunde lieber besuchen, anstatt sie anzurufen oder über WhatsApp Kontakt zu halten, und ich gehe hin und wieder zur Bank und sage meinem Kontoführer Hallo, anstatt meine Rechnungen online über das Internet oder Smartphone zu bezahlen. Ich gehe ins Kino, esse Popcorn und trinke eine Flasche Wasser, anstatt zu Hause auf dem Sofa zu liegen, Fast Food zu bestellen und denselben Film auf DVD anzusehen.

Das Wesen eines jeden Menschen liegt in seinem inneren Kern. Äußere Einflüsse mögen sein Verhalten beeinflussen und sogar sein Leben verändern, aber ich weiß, dass das wahre Selbst innerlich ist, und nichts und niemand kann mir meine bisherigen Erkenntnisse streitig machen. Ich bin zufrieden mit dem, der ich bin.

Meinen paradiesischen Ort gibt es. Eine Kamera ist sehr praktisch, um ihn zu zeigen. Aber die Kamera oder das Tablet, ein Smartphone oder ein Laptop wären nutzlos, wenn man vergisst, dass man zuallererst an seinen Traum glauben und den weniger begangenen Weg gehen muss, dass man seine Überzeugungen in die Tat umsetzen und auf sie bauen muss, egal, was andere darüber denken oder sagen. Der Rest kommt dann von allein: Freiheit. Freiheit heißt, im Leben bis an die eigenen Grenzen zu gehen, als würde man immer einen neuen Tag beginnen, ganz egal, wie sehr man zuvor verletzt wurde.

Finde den Rahmen, und male deinen Traum mit den Farben der Natur und mit viel Liebe. Bewahre dir tief im Herzen immer deinen Traum, denn was du nicht berühren kannst, kannst du auch nicht zerstören.

Kürzlich habe ich gesehen, dass in der Gegend um mein Paradies auf Erden neue Wohngebiete entstehen. Irgendwann musste dieser Ort ja entdeckt werden! Die Siedlungen sind noch weit weg, aber es ist schon die Rede von einer neuen Schnellstraße, von Pauschalhotels und dergleichen.

Wie lange werde ich also noch dort bleiben? Ich weiß es nicht. Aber ich mache mir deswegen auch keine Sorgen. Die Stimme meines Herzens wird mir sagen, wann die Zeit gekommen ist, meine Flügel auszubreiten und zu neuen Horizonten zu fliegen.

Alles, was ich in diesem Leben liebe, wird in meinem Geist, meinem Herzen und meiner Seele mit mir fliegen. Das weiß ich. Und ich weiß auch:

Was du nicht berühren kannst, kannst du auch nicht zerstören.

Danksagung

Mein Dank geht an die schöne Ecaterina: Ich respektiere Deinen Wunsch, in dieser wahren Geschichte ungenannt zu bleiben. Doch ohne Deine Liebe und Dein Vertrauen wäre dieser Traum nie möglich gewesen. Wir konnten etwas aufbauen, das früher unerreichbar schien. Ich hatte mich schon dafür entschieden, diesem Traum allein zu folgen, doch Deine Liebe hat ihn größer und schöner gemacht. Und nun können wir, ein paar wenige Privilegierte, Tag für Tag Wunder erleben. Ohne Deine zauberhaften Fotos wäre diese Geschichte ein Märchen – mit ihnen wird das Märchen Wirklichkeit. Durch sie können wir mit anderen teilen, was wir zusammen mit Gleichgesinnten erlebt und erfahren haben. Denn wie es so treffend heißt: Bilder sagen mehr als tausend Worte …

Te iubesc!

Danken möchte ich auch meiner wunderbaren Literaturagentin Vicky Satlow, einer Weggefährtin auf dieser schönen literarischen Reise. Ohne sie wäre ich nichts.

Ich, ein einfacher Mann, möchte diesen bescheidenen Beitrag allen Menschen widmen, die gegen Stürme ankämpfen, gegen Missgunst, Unverständnis und Vorurteile, und denen es trotz allem gelingt, ein integres Leben zu führen, ihre Worte mit Taten zu begleiten und aufrichtig zu sein. Ich widme meine Worte jenen, die, so wie ich, glauben, dass der Begriff »unmöglich« eine menschengemachte Erfindung ist und dass nichts anderes unser Schicksal bestimmen sollte als die Willenskraft unseres Herzens.